행복하게
사는 법

행복하게 사는 법

2011년 5월 30일 초판 1쇄 발행
2011년 10월 10일 초판 2쇄 발행

지은이 | 박완서 외
엮은이 | 숙란문인회
펴낸이 | 전명희
펴낸곳 | 연암서가

등록 | 2007년 10월 8일(제396-2007-00107호)
주소 | 경기도 고양시 일산서구 대화동 2232 장성마을 402-1101
전화 | 031-907-3010
팩스 | 031-912-3012
이메일 | yeonamseoga@naver.com
ISBN 978-89-94054-15-5 03810

값 13,000원

행복하게 사는 법

박완서 외 지음 | 숙란문인회 엮음

연암서가

책머리에

　우리 문단에는 많은 여류 문인들이 여러 부문에서 왕성한 작품 활동을 하고 있다. 특히 숙명여고 출신 중에는 옛부터 명성을 떨친 문인들이 많다. 1930년대 문맹이 있었던 시절에도 박화성(본명 박경순 17회 졸업) 선배께서 이미 도하 신문에 장편을 연재해서 문명을 날렸고, 19회 졸업생인 최정희 선배 역시 소설가로서 문단에 확고한 지위를 구축했다. 두 분 선배들의 명성은 그 생의 종말까지 이어졌으며, 작품 활동도 멈추지 않으셨다. 수필가로 맹활약했던 17회 졸업생인 이명온 선배, 26회의 정충량 선배도 한국 수필 문단을 이끌어 온 동문이다.
　6·25전쟁 후 현재까지 또 얼마나 뛰어난 문인들이 숙명에서 나왔는지 모른다. 안타깝게도 금년 1월 22일에 우리 곁을 떠난 박완서 씨(39회)도 나와 숙명에서 같은 반의 친구였다. 우리 반에서만도 박명성 시인, 김양식 시인 등 무려 네 명의 문인이 나왔다.

그런데 후배들이 또 소설, 시, 평론, 희곡, 수필 등을 계속 발표하며 한국 문단을 떠들썩하게 하고 있으니까, 이것 참 예삿일이 아니구나 하고 생각해, 우리 한번 모이자고 해 숙란문인회를 2005년 11월 9일에 설립하고, 한 해에 네 번 만나 문학 얘기에 심취해서 즐거운 시간을 보내고 있었는데, 어느 날 우리 문집을 내어 보면 어떨까 하고 생각이 모아져서 이 책을 내게 되었다.

연암서가에서 이 책은 동창 문인을 뛰어넘은 한국의 탁월한 여성 문인의 문집이라고 극찬해 주며 출판에 적극 협력해 준 것에 깊이 감사한다. 박완서 씨는 타계하기 전에 여기에 수록하려고 「행복하게 사는 법」을 써 놓았는데 그것이 유작이 되어 버렸다. 정말 소중한 글이다.

2011년 신록이 아름다운 오월에
숙란문인회 회장 한말숙

차례

책머리에 · 4

한말숙 · 11
- 아버지의 기도 · 12
- 사자死者의 편지 · 15

김양식 · 21
- 연꽃 만나러 가는 길에 · · · · · · · · · · · · · · · · · · 22
- 시詩는 내 숨결의 직조물織造物 · · · · · · · · · · · · · 29

박완서 · 35
- 행복하게 사는 법 · 36
- 님은 가시고 · 43
- 보석처럼 빛나던 나무와 여인 · · · · · · · · · · · · · · 47

박명성 · 55
- 모국어 · 56
- 흙의 말씀 · 58
- 내 몸은 이미 그 땅에 묻혀 있고 · · · · · · · · · · · · · 63

이경희 · 67
- 현이의 연극 · 68
- 강물에 띄워 보낼 편지 · · · · · · · · · · · · · · · · · · 72

정연희 · 77
　새와 꽃의 살림살이 · 78
　언니의 방 · 85

최문희 · 93
　틈새 바람 · 94
　돌담길, 그리고 담쟁이 넝쿨 · 103

안명희 · 111
　슬픈 밤섬 · 112
　삶의 역주행 · 116

권은정 · 121
　흐르는 바퀴 · 122
　감나무가 있는 집 · 126

강순경 · 131
　의식 흐름을 찾아서 · 132
　서재로 출근 · 140

홍혜랑 · 147
　문명인의 부적符籍 · 148
　주황색 신호등 · 153

맹난자 · 159
　탱고, 그 관능의 쓸쓸함에 대하여 · 160
　봉선화 · 168

강추자 · 171
  우리는 어디서 왔으며, 우리는 무엇이며, 우리는 어디로 가는가 · · · · · · · · · 172
  어둠, 그 황홀한 빛남 · 176

이영주 · 179
  항아리의 삶, 사람의 삶 · 180
  옳고 아름다웠던 박완서 선생님 · 184

한혜숙 · 189
  레인 마니아 · 190
  클로드 치아리의 〈첫 발자국〉 · 195

조유안 · 201
  다시 춤을 추며 · 202
  세 여자 · 206

유희인 · 211
  결혼 · 212
  밑천이 된 교훈 · 214

최순희 · 219
- 시간의 방향 · 220
- 식탁 · 230

신중선 · 239
- 맥주 맛도 모르면서 - 이별에 대처하는 나의 자세 · 240
- 다시 광화문 거리를 찾으며 · 249

김미라 · 251
- 이름에 관한 단상 · 252
- 서랍 속의 카프카 · 256

권지예 · 261
- 내 안의 봄꽃 · 262
- 잃어버린 우산 · 267

허혜정 · 275
- 미인도를 닮은 시 · 276
- 나무는 젊은 여자 · 278

한말숙

아버지의 기도
사자死者의 편지

1931년 서울에서 태어나 숙명여고를 거쳐 서울대학교 언어학과를 졸업하였다. 1957년 〈현대문학〉에 「신화神話의 단애斷崖」가 추천되어 문단에 등단하였다. 1964년 미국 밴텀북스 간행 『세계단편 명작선』에 「장마」가 수록되었다. 국제 펜클럽 부회장, 국제여학사협회 한국본부 회장, 한국여성문학인회 회장 등을 역임하였고, 현재 대한민국예술원 회원으로 있다.

저서로는 장편 『아름다운 영가』 외 3편, 중단편집 『덜레스 공항을 떠나며』 외 5권이 있으며, 『아름다운 영가』 프랑스어 판은 UNESCO 대표선집에 수록되었다. 수필집에 『사랑할 때와 헤어질 때』, 『삶의 진실을 찾아서』 등이 있다. 현대문학상, 한국일보문학상, 보관문화훈장을 수상하였다.

아버지의 기도

내 형제는 나보다 17년 나이 위인 오빠를 선두로 오빠보다 두 살 아래인 정숙丁淑 언니, 연년생인 무숙戊淑 언니, 그리고 10년 만에 태어난 묘숙 언니가 있고, 나는 그 후 4년 만에 막내로 태어났다.

내가 영아일 때의 기억은 없고, 어릴 때의 기억이 남아 있는 것은 아마도 너댓 살 무렵부터가 아닐까.

내가 마당에서 뛰어 놀고 있으면 아버지는 "이쁜 말숙이, 이리 온!" 하시면서 나를 안아 올리시곤 하셨다.

초등학교에 다닐 때도 나를 부르실 때는 "이쁜 말숙이"라고 하시며 꼭 '이쁘다'는 형용사를 붙이시며 부르셨다. 내가 언제나 어디서나 자신감이 있었던 것은 아버지의 그 사랑 때문이 아닐까 한다. 또 내가 평생 외양에 전혀 신경을 안 쓰게 된 것도 어릴 때 아버지가 이쁘다고 하신 탓이 아닐까. '나는 이쁜 아이' 라는 자신감을 심어 주신 것이다. 사실은 우리 형제 중에서 내가 가장 안 이쁘게 생긴 애이지만.

아버지는 나를 안으시고 기분 좋게 흔들어 주시며
"우리 이쁜 말숙이, 아버지가 하는 대로 따라서 해라."
"네."
"나는."
"나는."
"뱃놈의 개올시다."
"뱃놈의 개올시다."
"먹고 놀기만 합니다."
"먹고 놀기만 합니다."

아버지는 이렇게 두세 번 반복하시고 나는 따라했는데, 그럴 때마다 어머니며 언니들이며 또 부엌 사람들도 킥킥거리며 웃었는데 나는 어려서 눈치가 없었던지 그들이 왜 웃는지 몰랐다.

아버지가 돌아가신 후 아버지를 추억할 때는 꼭 이 대목이 뚜렷이 기억에 남았다. 오빠며 언니들은 다 학교 다니고, 모든 가족들은 맡은 일이 무엇이건 나름대로 하고 있는데, 먹고 놀기만 하는 식구는 오로지 나 혼자뿐이니, 아버지가 그것을 지적하신 게 아닐까. 아버지가 나를 놀리셨구나 하고 생각했다. 그런 줄도 모르고 아버지가 말씀하시는 대로 신이 나서 따라하는 내가 다른 가족들은 얼마나 우스웠을까.

그런데 요즈음은 아버지의 뜻이 전혀 다르게 생각되기 시작했다.

인생의 기초가 된다는 아버지의 유소년 시절은 1890년대 조선조 때다. 여자로 태어나면 비록 공주건 고관대작의 딸이건 일단은 남성보다는 고난의 인생이 예측되던 시대다. 또 남자로 태어났다 하더라도 걸핏하면 귀양 가거나 사약을 받거나 했다. 대부분의 서민들도 결코 평탄한 일생은 아니었던 때다. 보릿고개가 있어서 굶기가 일쑤였다. 이런 인생사의 기복起伏도 명암明暗도 아랑곳없이 넓고 넓은 백사장에서 먹고 자고, 먹고는 뛰어 놀기만 하는 개가 오죽 부러웠으면 '뱃놈의 개 팔자'라는 말이 예부터 있어 왔을까.

옛날에는 환갑까지만 살아도 짧은 일생이라고는 생각하지 않았고 또 환갑이 넘으면 대개는 아무 일도 할 수 없는 사람으로 생각했다. 그래서 환갑잔치를 크게 했고, '인생 칠십 고래희'라고 해서 70세까지 사는 것은 자고로 드문 일로 생각했다.

나는 아버지의 40세 때 태어난 데다가 딸이었으니, 나의 앞날을 얼마나 염려하셨을까. 막내딸을 돌보아 줄 수 있는 시간도 길지 않았고, 더구나 나의 너댓 살 때는 1930년대 초여서, 늦게 난 딸애에다가 나라는 일본의 식민지여서 집안일이며 나라 일도 앞이 보이지 않은 때였다. 그래서 평생 걱정 없이 먹고 놀기만 하는 '뱃놈의 개 팔자'처럼 되라고 아버지는 내가 태어났을 때부터 간절히 기도하신 것이다. 아버지가 나를 놀리셨다면 왜 다른 형제들이 어렸을 때는 그러지 않으셨을까?

아버지가 돌아가신 후 반세기도 더 지나고, 내 나이 지천명을 훨씬 넘고 나서 비로소 겨우 그 뜻을 깨달은 나다. 숙연히 아버지께 고개를 숙인다.

2007. 11

사자死者의 편지

내가 칠순이 되던 해 어느 날 갑자기 아버지는 63세에, 어머니는 67세에 돌아가셨으니까 나는 두 분보다 이미 몇 년을 더 살았음을 깨달았다. 그러자 조바심이 쳐지면서 줄곧 정리해야지, 빨리 정리해 버려야지 하고 갈 길이 바쁜 사람처럼 벼르면서 어언 10년이 날아가 버렸다.

내 동기 동창생 중에는 폐암이라는 진단을 받자 가장 먼저 떠오르는 것이 숱하게 늘어놓은 외상 술값이었다 한다. 그 친구는 수술 받기 전에 그 외상값을 갚느라고 통장을 다 털었는데 막상 폐를 열어 보니까 오진이었다고. 그는 돈만 다 없애 버렸다고 하며 껄껄 웃고 있었다.

내가 정리한다는 것은 약간의 낭만이 있는 외상 술값이 아니고, 가진 것을 버린다는 육체노동이 수반하는 작업이다. 모두 혹은 숨 끊어지는 순간까지 필수적인 것 외에는 완전히 버려야 하는 것인데, 이것도 있어야 하고 저것도 언젠가는 쓸모가 있을지 모르니까 하며 결국 버리지 못하고 거의 다 그대로 그 자리에 두고 있다. 카펫과 그림과 침구며 찬그릇을 한 트럭 지방의 어느 시설에 기부한 적이 있고, 때때로 옷가지를 가까운 사람들한테 준 것이 고작이다.

  정리한다는 것, 그리 간단한 것이 아니다. 몇 십 년 묵고 있는 뒷 광의 것, 부엌살림, 옷가지, 침구, 책, 장식품 등 계획적으로 한 가지씩 차근차근 해나가야 하고 무엇보다도 부지런해야 하는데, 당장 살아 있는 지금 해야 할 일조차도 제 때에 못해서 쩔쩔매고 있으니까, 게으른 자의 자가 변명이겠지만 '죽음이 먼저냐? 삶이 먼저냐?' 하고 혼자서 따져볼 때도 있다. 언젠가 큰 딸한테 "죽기 전에 다 버려야 하는데 그 일도 여간 부지런해야 되나 보다"고 했더니, 정리를 다하고 나면 어미가 죽게 될까 봐 "엄마 치우지 마세요!" 하고 비명을 질러서, "엄마 안 죽는다 걱정마"라고 했었다.

  그렁저렁 그 동안 버린 것도 적지 않으나 새로 구입한 옷가지며 그림, 그릇, 자그마한 장식품 등이 또 늘었다. 아직 내가 살고 싶은 의욕이 있다는 증거인 것 같아 물론 후회하지는 않는다. 내일 지구가 멸망한다 해도 나는 오늘 사과나무를 심겠다고 철학자 스피노자는 말했다 하지만, 그 사람만치 위대한 인간이 아니더라도 비록 내일 죽을지 모르나 어떻든 오늘은 살고 있으니까 살아야 하지 않나 하고 생각하는 것이 보통 사람이 아닐까.

  며칠 전, 오래 된 농 하나를 정해 놓고 그 안의 것이야말로 다 버리기로 작심을 하고 무조건 속에 있는 것을 일단 거실에 다 펼쳐 놓았는데,

그 속에서 뜻밖에도 착잡한 느낌을 주는 것이 나왔다. 이것을 어떻게 하나……? 한동안 주마등 같은 장면이 머릿속에서 소용돌이를 쳤다. 실크를 겹으로 해서 쪽보를 모은 일종의 태피스트리가 두 개 나온 것이다. 세로 2미터 20센티, 가로 1미터 60센티. 그 옛날 받아 보았을 때와 색상이 그대로다. 색의 배합과 크고 작은 천의 배합도 상당한 미술품이다. 그 태피스트리와 함께 받았던 편지도 그대로 들어 있는데, 갱지에 연필로 쓴 글씨는 흐려져서 확대경을 대고 겨우 읽을 수 있었다.

편지는 나에게 보내 온 것이었다. 내용은 "저는 1945년생의 무명작가입니다. 6년 전부터 쓰러져서 사경을 오락가락하고 있는 중이옵니다. 요즈음은 믿어지지 않을 만큼 평온의 바다에 누워 있는 기분입니다. 그런데 갑자기 쌓여 있는 작품들이 답답해서 친구들에게 나눠 주고 있습니다. 문득 언젠가 황병기 선생의 연주 모습을 어느 잡지에서 뵈온 기억이 나서 연주하실 때 배경으로 쓰시면 싶었으나, 부담이 되실까 망설이다가 오늘 기분 좋은 날 결심하고 보내드립니다. 작품은 10년 전에 전시한 것으로 제목은 '페스티발' 입니다. 실크라 한 방울의 물도 떨어지면 번지기 때문에 조심하십시오. 천장이 높은 공간에서 사용하십시오."

글씨도 달필이고 문장도 정확하고 실크는 영어로 써 있다. 취급 방법이며 사용 방법도 자세히 일러주고 있다. 문장 전체에서 상당한 수준의 교육과 교양이 있는 사람임을 짐작할 수 있다. 그리고 편지는 더 이어졌다. 자기는 TV며 방송을 듣지 않기 때문에 황병기가 연주하는 것을 본 적은 없으나 음악은 열광적으로 좋아해서 〈비단 길〉을 사서 외국인 친구들에게 많이 선사했다고. 그리고 그녀의 작품을 좋아하는 외국인들이 있어서 뉴욕에서 몇 번 초대 전시회를 가진 적도 있다고 했다. 편지는 '1993. 10. 15 안순희 드림' 으로 끝나 있다.

우리 내외는 그 태피스트리가 연주 배경으로는 전혀 아니라고 생각했으나, 나는 그 편지를 반듯하게 갠 그 태피스트리에 넣어서 장롱 속에 함께 넣었다. 물론 바로 감사하다고 남편에게 답장을 쓰게 하고 그의 CD 하나에 사인을 해서 우송했었다. 모르는 사람이 보내 준 미술품과 정성어린 편지의 에피소드는 그것으로 완전히 끝나고, 그리고 까맣게 잊어버리고 있었다.

그 후 얼마나 세월이 흘렀을까? 어느 날 경상도 어느 시골의 파출소라고 하며 전화가 왔는데 '안순희' 라는 사람을 아느냐고 경찰인 듯한 사람이 물었다. 나는 전혀 모르는 이름이라 모른다고 대답했더니, 그 사람이 길에서 횡사했는데 달랑 하나 들고 있는 가방 속에 황 선생의 편지와 CD가 들어 있어서 황 선생 전화를 백방으로 추적해서 알아내어서 전화를 하는 거라고 했다. 그제서야 나는 그 태피스트리 건이 생각나서 있는 대로 그대로 말하고, 우리 내외는 만난 적도 없고 전혀 모르는 사람이라고 했다. 경찰은 "무연고 시체네" 하면서 전화를 끊었다.

안순희, 그 사람은 어떤 사람이었을까? 분명히 육체가 있는데 왜 무연고일까? 1945년생이라고만 하고, 어디서 미술을 배웠다는 말도 없다. 북한에서 단신 남하한 사람일까? 아니면 고아였을까? 아니면 나혜석처럼 가정도 버리고 미술에 인생을 건 사람일까? 그녀가 해방둥이라니까 나에게 그 편지를 보냈을 때는 나이가 48세, 한창 젊은 때인데, 그때 이미 6년 전부터 쓰러졌다 하니, 40대 초반에 이미 신체에 장애가 생긴 사람이다. 그래서 친구들에게 작품을 나누어 주고 있다고 했다. 그렇다면 분명 친구들은 있었을 텐데 죽을 때 달랑 하나 가지고 있었다는 그 손가방 안에 일가친척이며 친구들의 전화번호가 적힌 수첩도 쪽지도 없었단 말인가? 아무것도 없는 가방 속에 왜 하필 내 남편의 CD와 고맙다는 인사장만, 그것도 10년이나 넘게 간직하고 있었을까? 나누어 주는 것을 받기만 하고 어느 누구 한 사람 고맙다는 인사도 답례도 하지 않았는데 오로지 황병기만이 답례를 한 것이 고마웠을까? 아니면 오랜 투병 끝에 언제 어디서 쓰러진 채 세상을 뜰 줄 몰라서 그나마 유명 인사에게 연락이 닿아서 무명화가 안순희가 이승에는 없다는 것을 알리고 싶었을까?

나는 그녀의 처절한 고독감이 가슴에 전해 오는 것 같아서 길게 한숨이 나왔다.

모딜리아니, 반 고흐…… 그래도 그들의 예술은 끝없이 빛나고 있다. 안순희 씨처럼 무명인으로 살다가 무명인으로 노변에서 세상을 뜬 사람도 많을 것이다.

인생 한번 왔다 가는데 그 짧은 순간이 사람의 수만치나 가지각색이다.

나는 거의 20년 전에 갱지에 연필로 단정히 쓴 글씨가 세월이 지나면 더 흐려져서 읽을 수 없을까보아 워드로 쳐두었다. 그리고 남편에게 편지함에 넣어 두도록 했다. 그 편지함에는 우리가 오래 간직하고 싶은 국내외에서 온 편지들이 들어 있다. 유명 인사의 것도 꽤 된다.

그리고 그 실크 태피스트리 두 개는 영혼의 존재를 절대로 믿고 있는 친구에게 맡기기로 했다. 그 태피스트리를 벽에 걸고 진혼鎭魂의 제祭라도 올려달라고 부탁했다. '페스티발(祝祭)'이 '진혼의 제'가 되는 것이다. 작가가 생전에 이 일을 상상이라도 해보았을까?

또 한 가지, 절대로 버리거나 팔지 말고 그와 비슷한 전시회가 있으면 전시해 달라고 다짐했다.

안순희 화백, 편지와 작품 잘 받았습니다. 감사합니다.

이제 편히 쉬소서.

2011. 1. 20

김양식

연꽃 만나러 가는 길에
시詩는 내 숨결의 직조물織造物

1931년 서울에서 태어나 숙명여고, 이화여자대학교 영문학과(B.A.), 동국대학교 인도철학과(M.A.)를 졸업하였다. 1969년 〈월간문학〉 제정 제1회 신인상 시 부문에 고 미당 서정주 선생 추천으로 당선되면서 문단에 등단하였다.

저서로는 시집 『하늘 먼자락에 구름 날리면』 외 6권, 장편서사시집 『은장도여, 은장도여』, 시선집 『풀꽃이 되어…』, 시전집 『석양이 눈부시어』 등이 있으며, 수필집 『갠지스 강물 따라』 외 2권, 번역서 『기딴잘리』, 『타고르의 생애와 사상』 외 5권, 해외 번역 출간 시집이 영문英文, 일문日文, 중문中文, 힌디어, 러시아어, 스웨덴어 등 7권이 나와 있다. 한국현대시인상, 한국펜문학상 등 다수의 문학상을 수상하였으며, 국제펜클럽 한국본부 이사, 이화문학회 고문으로 활동하고 있다. 특히 1981년 창립하여 30여 년을 이끌어오고 있는 한·인문화연구원(Tagore Society of Korea) 원장으로서 그 공로를 인정받아 2002년 인도문화훈장 'Padma Shri' 상을 수상하였다.

연꽃 만나러
가는 길에

얼마나 별렀던가.

7월에 들어서자 바로 나는 산행하는 친구들과 함께 내가 길잡이가 되어 충남 인취사(仁翠寺) 대웅전 높은 돌축대 아래로 널찍하게 자리 잡은 연못에 피어오르는 연꽃을 만나러 길을 떠났다.

산행을 거르지 않는 친구들과의 만남은 언제나 즐겁다.

나로서는 입 다물고 책상 앞에 앉아 꼬박 하루를 보내는 일이 많다 보니 이 맑은 바람과도 같은 산행 친구들과의 만남은 내게는 웃음도 곁들인 청량제이기도 하다. 고마운 일이 아닐 수 없다.

오랜만의 인취사 행은 쉽지 않았다. 온양을 거쳐 나갔어야 했는데 천안에서 바로 공주, 예산 길로 빠져나갔으니, 그때부터 내 눈에는 익숙지 않은 정경만이 자꾸만 전개되는 것이었다.

아뿔싸, 이러한 길이 아니었는데…….

우리가 빌린 9인승 차의 기사도 한참동안 같은 길을 오르내리다 보니 더욱 찾기가 막막해지는 것이 아닌가.

인취사 스님께 자꾸만 전화를 걸어 위치를 확인하고 또 확인하는 것도 한두 번이지 그 조용한 절간과 스님의 인품이 머릿속에 자꾸만 떠오르면서 혹시나 우리의 부질없는 방문이 행여 큰 폐가 되는 것은 아닌가 하여 점점 마음이 불안해지기 시작했다.

그때까지만 해도 모두 즐거운 이야기의 꽃들을 피워 웃음의 꽃밭은 화기애애하였는데 하도 길을 못 찾으니 어느새 모두 조용해지는 것이 아닌가.

우리 일행은 걱정 때문에 갑자기 긴장까지 되는 듯했다. 허기야 길을 제대로 못 찾아 간 것은 길잡이의 실수다. 두어 번 찾아간 인취사였으나 갈 때마다 그냥 차에 실려 갔다가 돌아오곤 했으니 제대로 길을 알 리가 없었다. 그래도 사전에 찾아갈 그 길을 제대로 자세히 알아두었어야 내 책임을 다 하는 것이었거늘, 설마 이렇게 못 찾을 줄은 상상도 못했던 일이었다.

그러나 길을 헤매다보니 이럭저럭 예정보다 거의 한 시간 정도는 늦게 절 마당에 당도했다.

인취사는 항상 고요하다. 스님이 혼자 거하시니 고요할 수밖에.

허나 그 날은 달랐다. 사경각寫經閣을 짓는 불사佛事로 몇 명의 일꾼들이 마침 점심 공양을 기다리며 대웅전 앞마당 정원석에 걸터앉아 한숨 돌리고 있는 참이었다.

이 뜨거운 복중伏中에 얼마나 더울까? 우리 일행은 괜히 미안해지는 마음을 가누기 힘들었다. 그 일꾼들 눈에 우리는 팔자 좋아 놀러 다니는 마나님들로나 비칠 것이 아닌가 하는 우려도 해가면서 말이다. 그러나 우리 일행만큼 건전한 초로의 여인들도 없을 것이라고 마음속으로 자부하여 본다.

이미 알고 있는 바이기도 했지만, 산행하는 여인들은 마음도 몸도 매우 건전하다는 것을 나는 그 친구 일행을 통해서 확실하게 인정하기로 했다. 허영 같은 것과는 거리가 먼 자연을 벗 삼을 줄 아는, 그래서 푸른 산야와 맑은 계곡을 찾아 기쁨을 나누며 몇 시간씩 힘든 줄도 모르고 산을 오를 수 있는 여인들이기에 나는 그 일행에 끼어들게 된 것을 얼마나 기쁘게 생각하는지 모른다. 그만큼 나는 그 친구들의 순수성을 높이 사고 싶었던 것이다.

여하튼 우여곡절 끝에 찾아드는 인취사······. 스님은 참으로 반갑게 우리를 맞아들였다.

우리는 먼저 연꽃을 찾았지만 스님께선 공양 시간이니 우선 선방禪房에 들어 차를 한 잔씩 마시고 공양을 하도록 말씀하셨다.

차를 넣으시는 스님 앞의 큰 대접에는 어느새 한 송이 백련꽃이 물을 머금고는 활짝 피어오르고 있지 않은가. 마치 마술사가 큰 대접 속에 꽃을 피우기나 한 듯이 우리의 눈길은 한결같이 그 큰 대접 속에 피어오른 한 송이 흰 연꽃으로 집중되었다.

모두 엄숙하게 침묵을 지키고 있던 우리 일행은 이구동성으로 스님께 질문하는 것이었다.

"스님, 어떻게 저 꽃이 대접 속에서 필 수 있습니까?"

"이 연꽃은 작년에 핀 꽃인데요. 그 꽃을 얼려 두었다가 이렇게 큰 대접에 넣고 더운물을 부어 차물로 우려내는 것입니다. 이것은 얼었던 꽃이 녹으면서 피어나는 듯이 보이지요."

잠시 후 스님은 그 연꽃차를 한 잔씩 떠주시며 향과 맛을 음미해 보라 했다. 과연 그 백련꽃 차맛과 향기는 지금껏 한 번도 맛을 보지 못한 일품이었다. 참으로 절묘한 향을 맡을 수 있었고 맛을 볼 수가 있었다. 이는 우리의 홍복이라 생각되었다.

왠지 우리가 천상에서 노니는 비천녀飛天女들이나 된 듯 한 형용키 어려운 순간이었다. 비록 우리 일행은 노보살님들이었지만…….

선식禪食으로 차려진 점심 공양 역시 우리의 심신을 모두 정갈하게 씻기에 충분하였다.

우리 일행의 도착이 늦은 까닭에 먼저 찾아보자던 연꽃과의 만남은 결국 지연되고 말았다. 말하자면 순서가 뒤바뀐 것이었다. 먼저 선차를, 다음에 선식을, 그리고 나서 제일로 중요한 오늘의 지상과제인 연꽃을 만나러 가는 일이었다.

"금강산도 식후경"이라고 했던가. 아무튼 향기로운 백련화차에 선식에 흡족히 마시고 먹고 난 후에야 모두 자리에서 일어났다. 밀짚모를 쓰신 스님의 뒤를 따라 드디어 연못으로 내려가는 길로 접어들었다. 뒤따르던 우리들 눈에 비친 것은 바로 스님이 걸치신 닳아 여기저기 베어진 청묵빛 모시적삼이었다. 그것 자체가 스님과 너무나 잘 어울린다는 점에서 또 한 번 혀를 내두를 수밖에 없었다.

연못에 시원스레 퍼진 푸른 잎들로 가득하였고 연꽃은 어디 숨었는지 보이지 않았다. 그때서야 스님께서 전화로 전해 온 말씀이 생각났다.

"아직 꽃은 좀 이릅니다. 지금 몇몇 개의 봉오리만이 위로 올라오고 있지요. 아마 꽃도 곧 피겠지요."

아뿔싸, 우리의 연꽃 만나러 가는 길은 얼마나 성급했는가를 짐짓 반성할 수밖에 없었다. 그러나 우리의 마음이 성급해질 만큼 그 고운 연꽃을 만나고 싶었던 심정은 지극한 것이 아니었을까.

스님은 백련만 심어 놓은 연지蓮池로 우리 일행을 안내하시며 "이 꽃들이 만발할 때쯤 한번 다시 내려들 오셔야지요"라고 활짝 핀 꽃 한 송이도 보지 못하고 가야 할 우리의 조금은 서운한 마음을 달래 주시는 것이었다.

"오는 8월 15일 광복절 날에는 백련시회詩會도 가질 예정이니 그때 오셔서 동참하셔도 됩니다."

이렇게 다시 찾아올 수 있는 구실도 마련하여 주시는 스님의 마음이 넉넉하여 우리는 그것만으로서 훈훈한 환대를 받은 듯 서운했던 마음들이 풀리면서 즐거웠다.

스님이 새로 마련하고 있는 사경전寫經殿은 아직 미완이었으나 신문지를 물에 불려 빨아낸 다음, 거기에 특수 풀을 섞어 반죽하여 그것으로 벽을 바르고 방바닥을 발라 바짝 말리면 방한, 방온, 방습이 제대로 될 수 있다는 설명도 곁들여 주셨다. 문제는 절약하는 방법의 하나로 택한 비법이 아니었을까. 왜냐면 인취사 스님은 가난을 부끄러워하지 않는 요즘 세상에 뵙기 드문 청빈한 분이시니 말이다. 단지 원이 있으시다면 세상을 뜨는 날까지 일심으로 사경寫經에만 전념하고자 함이라 하신다.

조석朝夕으로 손수 돌보는 백련지白蓮池와 홍련지紅蓮池 두 연못에서 해마다 향기롭고 풍요로운 연꽃들을 피게 하고 그 꽃 향으로 발원하여 사경에 임하여 소원 성취하오시라고 기원 드린다.

불자佛子의 올바른 자세를 고수하면서 한국 불교의 부흥을 위한 그 스님의 피나는 수행의 길이 차츰 열리어 빛이 되고 힘이 되어 이 땅에 진정한 불국토가 이루어지기를 합장하여 기원 드린다.

우리 일행이 돌아오는 길에 차 속에서 항상 명랑한 모습을 보여 주는 홍 여사가 불쑥 한 마디 제안을 했다.

"그 스님이 입으신 모시적삼이 낡아 등 있는 데가 다 찢어졌던데 우리 돈을 모아서 승복 한 벌 해드리는 것이 어떻겠어요?"

생각지도 않았던 이 같은 제안에 모두 깜짝 놀랐지만 바로 찬성한다는 호응의 소리가 터져 나왔다. 나도 미처 그 생각은 못하고 있었는데 말이다. 나이를 타지 않는 귀여운 표정이 더욱 예뻐 보이는 것은 그런 고운 마음을 간직하고 있기 때문이었구나 하고 나는 마음속으로 몹시 고마운 생각이 들었다.

사람이 살아가는 데는 돈이나 권력이 중요한 것이 아니고 인정이라는 진리를 다시 한 번 되새겨보는 날이었다. 연꽃 만나러 갔다 되돌아오는 길에……

유월六月

새 아침
매미 울음에 연꽃 피어
웃을 듯
웃는 듯
이슬 젖은
연꽃 입술이여

시詩는 내 숨결의 직조물織物

　계절이 바뀌면서 찾아든 연휴 동안 나는 매일같이 하루에도 몇 차례씩 애꿎은 세탁기만 돌려댔다. 그 동안 쌓인 크고 작은 빨랫거리, 대청소부터 시작하여 잔뜩 미루어 온 집안일에 있는 힘을 다하였다.
　이렇게 여인들의 집안일이란 끝도 한도 없으니 이는 분명히 중노동임에 틀림없다. 실토를 한다면 끝내는 팔다리가 쑤시고 아픈 몸살이 나는 결과를 초래하고 말았다. 그래서 나도 끙끙 앓는 소리를 내며 하루 이틀 자리에 누워 있을 수밖에 없었다. 오랜만에 노동의 신성한 즐거움도 맛보았지만……
　이번 나의 두 번째 일역 시집 출간을 위하여 번역을 맡아 준 고노 에이지[鴻農映二] 씨에게 편지가 왔다. 고맙게도 서문를 써서 이달 말까지는 반드시 원고를 보내 주어야 한다는 것이었다. 그러나 앞에 말한 바와 같이 연휴 중의 중노동이라는 핑계 아닌 핑계로 그만 태만하고 말았다.

결국 오늘에서야 책상 앞에 앉았다.

*

나는 철도 들기 전인 한 10살 전후해서 시를 읽고 시를 쓴다고 흉내를 내기 시작했다. 당시 문학청년이던 오라버니의 자상한 가르침의 덕분이었다. 당시 일제치하에서 오빠는 고등학생이었음에도 불구하고 민족주의와 독립운동에 관심이 컸다. 내가 어린 탓에 자세히는 몰랐지만 어느 날 어머니는 앞마당에 가꾸어 놓은 꽃밭 가운데 구덩이를 깊이 파셨다. 그리고는 항아리를 묻어 그 속에 오라버니가 보는 책들을 넣고 다시 흙을 덮고 그 위에 꽃나무를 다시 심으시는 것이었다. 어머니의 긴장된 모습이 지금도 눈앞에 선하다. 분명 무엇인가 심각했던 것만은 사실이었나 보다.

오라버니는 어린 누이동생인 나에게 많은 것을 가르쳤다. 학교에서는 금지되었던 조선어(당시의 표현), 조선 역사 심지어는 우리의 애국가도 열심히 가르쳐 주었다. 특히 우리나라는 반드시 일제 치하에서 독립을 쟁취해야 한다는 확고한 의식과 신념을 나의 폐부 속 깊이 강하게 불어넣어 주었다.

이렇게 성장하는 과정에서 1945년 8월 제2차 세계대전은 일본과 독일의 패전으로 막이 내려지고 우리는 그렇게도 애타게 기다리던 민족해방과 독립을 맞게 된 것이었다.

그러나 나라의 허리가 잘려 남북으로 갈라져야 하는 충격이 채 가시기도 전에 1950년 6월에는 기어이 민족 상쟁이라는 한국전쟁이 발발,

이에 따른 3년간의 참으로 비참했던 부산 피난살이를 뒤로 돌아온 황폐한 서울에서 피나는 재건과 끊임없이 어지럽던 국내정세, 그러한 숨 가쁜 와중에서도 나는 어김없이 자꾸만 나이 들어가고 있었다.

끝내 버릴 수도 잊을 수도 없었던 시 창작 작업에 본격적으로 들어가게 된 것은 내 나이 30대 중반에 이르러서였다. 그로부터 30년에 이르는 문필 생활은 변화무쌍한 현대사회 속에서 끊임없이 자기 능력에 도전하면서 묵묵히 오늘을 살았다. 마치 깊은 산사를 찾아들면 거기 첫 번째로 산문山門이 나오고 다음으로 일주문一柱門과 이어서 불이문不二門에 차례로 이르고 나서야 비로소 법당法堂 앞에 설 수 있듯이 말이다. 돌이켜보면 나의 시세계도 역시 산문 밖에서부터 시작하여 이제야 본당 앞에 서게 되었나 보다.

시는 내게 있어 현실이며 진실이다.

내 정신의 중심으로부터 솟아나는 상념의 오솔길에서 마주치는 직관과 감성이 마치 씨줄과 날줄이 되어 직조되어 나오는 가시적인 산물이다. 이처럼 생산되는 나의 작품마다에는 이미 오래 전 이 세상을 떠나신 참으로 인자하고 지혜로우신 부모님과 끝내 조국의 해방을 목전에 두고 21살 젊디젊은 나이에 활활 가슴만을 태우다 떠난 슬기로운 우리 오라버니의 뜨거운 삶이 눈부시도록 윤택한 채색으로 드리워 주시니 언제나 내 시와 함께 호흡하고 있음을 나는 잘 알고 있다.

나는 나이 들며 세월은 가는 것이 아니라 그냥 제자리에 머물러 있을 뿐, 다만 모든 생명체이든 무생명체이든 스스로 도태되어 가게 마련이라는 진리에 순응하며 나 나름대로의 삶을 가꾸어 왔다.

언젠가 인도에서 길가에 어슬렁대는 한 마리 황소의 득도의 경지에 이른 듯한 눈빛과 마주치는 순간, 나는 깨달았다. 대우주 안에서는 이승도 저승도 또 세월도 따로 있는 것이 아니라 이 모두가 하나라는 것을 안 것이다. 그 신비한 체험은 나의 삶과 창작에 깊은 영향을 미치고 있다.

황소를 바라보며

가는 것이 가는 것이 아니지
머무는 것이 머무는 것이 아니지

사람도 짐승도 초목도

항시 모두가
가는 듯 그냥 머물고
머무는 듯 그냥 가고

하늘이 따로 어디 있기에
땅이 따로 어디 있기에

처음부터 그냥 하나인데
끝내 하나일 수밖에 없는데

그 가운데 우린

모두 가는 듯이 그냥 머물고

모두 머무는 듯이 그냥 가고……

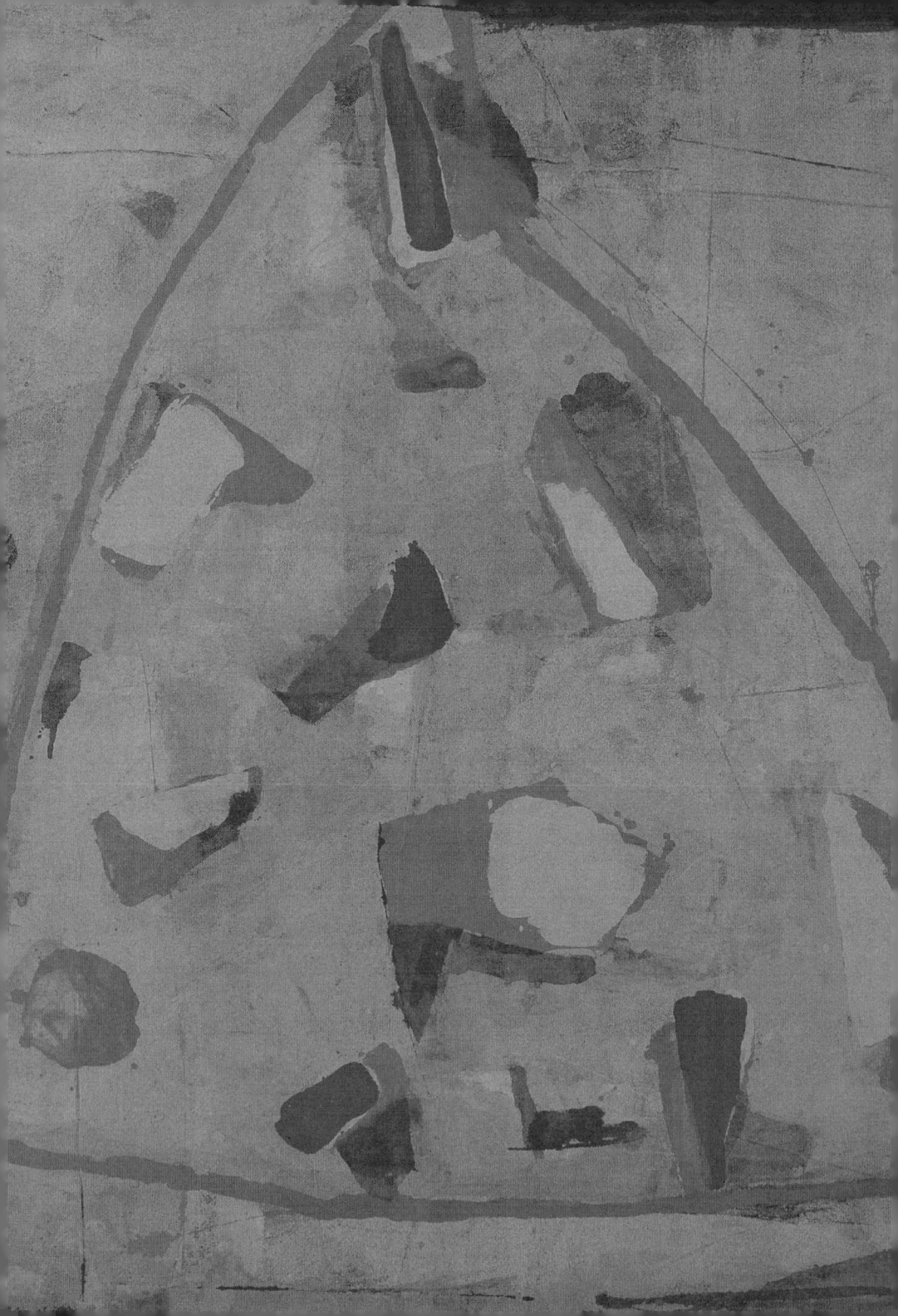

박완서

행복하게 사는 법
님은 가시고
보석처럼 빛나던 나무와 여인

1931년 경기도 개풍에서 태어나 숙명여고를 졸업하고, 서울대학교 국어국문학과에 입학했으나 한국전쟁으로 중퇴하였다. 1970년 마흔이 되던 해에 〈여성동아〉 장편소설 공모에 『나목』이 당선되어 등단하였다.

장편소설 『휘청거리는 오후』, 『도시의 흉년』, 『목마른 계절』, 『욕망의 응달』, 『오만과 몽상』, 『서 있는 여자』, 『그대 아직도 꿈꾸고 있는가』, 『미망未忘』, 『그 많던 싱아는 누가 다 먹었을까』, 『그 산이 정말 거기 있었을까』 등이 있으며, 소설집으로 『부끄러움을 가르칩니다』, 『배반의 여름』, 『엄마의 말뚝』, 『꽃을 찾아서』, 『저문 날의 삽화』, 『한 말씀만 하소서』, 『너무도 쓸쓸한 당신』 등이 있으며, 산문집으로 『꼴찌에게 보내는 갈채』, 『살아 있는 날의 소망』, 『나는 왜 작은 일에만 분개하는가』, 『한 길 사람 속』, 『어른 노릇 사람 노릇』, 『두부』 등이 있다. 한국문학작가상, 이상문학상, 대한민국문학상, 이산문학상, 현대문학상, 동인문학상 등을 수상했다. 2011년 1월에 타계하였다.

행복하게
사는 법

젊은이들 앞에서 늙은이 티를 내기는 싫지만 나이를 먹는 것처럼 누구에게나 공평하게 닥치는 피할 수 없는 운명도 없는 것 같습니다. 그래서 부끄러워할 것도 자랑스러워할 것도 없이 내가 요즘 겪고 있는 노쇠 현상 중의 하나를 솔직하게 털어놓으려고 합니다. 워낙에 초저녁잠이 많고 아침잠이 없는, 소위 아침형 인간에 속했는데 그게 요즘 더 심해져서 9시 뉴스를 보다가 반도 못보고 잠자리에 듭니다. 그리고는 새벽 너댓 시만 되면 깨어납니다. 아마 여섯 시간쯤은 꿈 없는 단잠을 자는 것 같습니다.

전에는 그렇게까지 일찍 깨어나지 않았고, 눈 뜨자마자 시계 먼저 보면서 이른 아침이면 시간을 번 것처럼 옳다구나 벌떡 일어나 어제 못다 한 일들을, 주로 원고 쓰는 일이지만, 계속하다가 해 뜨면 마당에 나가

잔디 사이의 잡초 뽑기, 새로 핀 화초하고 눈 맞추기 등 정원 일을 하며 부지런을 떨었습니다. 찾아오는 사람도 걸려오는 전화도 없는 아침 시간엔 머리도 맑아 그 시간을 가장 능률적으로 보람 있게 보낼 수가 있는 걸 은근히 자랑스럽게 여겼지요. 그 시간에 내려서 마시는 원두커피 향은 또 왜 그리 좋은지, 이 맛에 살아, 한낱 커피 향을 가지고 그렇게 외치고 싶기까지 했습니다. 그러나 근래 몇 년 사이에 그 버릇도 많이 바뀌게 되었습니다. 새벽부터 부지런 떠는 일 없이 마냥 자리에 누워 게으름을 피우게 됩니다. 누워서 두서없이 하는 생각은 앞으로의 계획이나 소망이 아니라 주로 지난날의 추억이고, 그 중에도 현재의 나에서 가까운 지난날이 아니라 아주 먼 어린 날의 추억입니다. 최근의 일은 어제 일도 잘 기억 못하는 주제에 어릴 적 일은 세세한 것까지 잘 생각이 납니다.

그래도 다행인 것은 내가 반추하는 건 주로 사랑 받은 기억입니다. 문명과는 동떨어진, 농사짓고 길쌈 하고 호롱불 켜고 바느질 하고 사는 산골 벽촌에서 태어났습니다. 물질적으로 넉넉지 못했을 뿐 아니라 아버지를 일찍 여의었으니, 요새말로 하면 결손가정이었지요. 부족한 것 천지였습니다. 넉넉한 건 오직 사랑이었습니다. 아무리 생각해도 미움 받거나 야단맞은 기억은 없고 칭찬 받고 귀염 받은 생각밖에 나는 게 없습니다. 그게 이른 새벽 잠 달아난 늙은이 마음을 한없이 행복하게 해줍니다.

어린 날의 추억이 아무리 달콤하다 해도 기억이 미치는 한도는 대여섯 살까지가 고작이고 젖먹이 때 일이나 그 이전, 태어날 때 처음 본 가족이나 이 세상의 첫인상을 기억하는 사람은 아무도 없을 것입니다. 그러나 나는 그것까지도 기억하고 있다고 생각하는 게 엄마로부터 들은 이야기 때문입니다. 초등학교 들어가고 나서입니다. 내가 초등학교에 입학한 1930년대는 일제 식민지 치하였습니다. 창씨개명은 하기 전이었지만 한문으로 된 우리 이름을 일본식으로 발음해서 불렀습니다. 학교 가기 전에 집에서 꼭 배워 가야 할 것이 자기 성명을 한문으로 쓰는 거였습니다. 선생님이 출석부 부를 때도 물론 그 한문 이름을 일본식 발음으로 바꿔 불렀지요. 일학년 때도 시험 치는 일이 잦아 시험지에 이름을 쓸 때마다 나는 고민도 되고 짜증도 났습니다. 복잡하고 획수가 많은 내 한자 이름은, 성명을 기입하라고 마련된 네모난 빈칸을 삐져나오기 십상이었기 때문입니다. 집에 가서 엄마한테 내 이름이 너무 어렵다고 불평을 늘어놓았더니 엄마가 하시는 말씀이, 나는 밤 열두시에 태어났는데 여아를 순산했다는 소식을 들은 할아버지와 아버지 두 분은 그때부터 밤새 머리를 맞대고 옥편을 찾아가며 지으신 이름이 내 이름이라는 거였습니다. 그 후 다시는 내 이름에 대한 불평을 안하게 되었습니다. 불평은커녕 새 생명을 좋은 이름으로 축복해 주려고 머리를 맞대고 고민했을 두 남자, 점잖고 엄하기로 집안에서뿐 아니라 마을에서도 알아주는 상투 튼 할아버지와 젊은 아버지를 떠올리면 내가 이 세상에 태어날 때부터 존중받고 사랑받았다는 확신이 들었습니다. 그 시절만 해도 남녀차별을 많이 할 때였습니다. 특히 시골에서는 더 했습니다. 시골 동무들 중에는 '간난이' '섭섭이' 등 어린 마음에도 아무렇게나 성의 없이 지은 것 같은 이름을 가진 애도 많았습니다. 그런 아이들에 비해 나는 특별한 대접을 받고 태어난 것처럼 느꼈고, 아버지의 얼굴도 모르지만 나는 결코 불쌍하지 않다고 스스로를 위로하고 존중할 수 있는 자부심이 되었습니다.

　아버지는 일찍 여의었지만 조부모님과 두 숙부님 내외와 고모까지 한 집에서 사는 대가족이었습니다. 사촌이 생기기 전까지 집안에 어린애가 나 하나뿐이어서 귀염도 많이 받았지만 어리광이 심하고 음식을 많이 가리고 누가 조금만 나한테 언짢게 해도 할머니한테 일러바치는 질 나쁜 고자질쟁이였던 것 같습니다. 한번 울기 시작하면 목이 쉴 때까지 그치지 않은 고약한 성질 때문에 애먹은 얘기를 숙모들한테 많이 들었습니다. 그런 나쁜 버릇을 서서히 고쳐 준 것도 엄마였다고 생각합니다. 학교 갔다 와서 동무들하고 싸우거나 이지메를 당한 얘기를 하면서 그 동무를 미워하고 욕하면 엄마는 내 역성을 드는 대신, 그러지 말고 그 동무 좋은 점을 한 가지라도 찾아보라고, 며칠이 걸리더라도 그런 마음으로 동무를 대하면 반드시 한두 가지는 좋은 점이 보일 거라고. 그렇지만 어리광이 몸에 배고, 고자질하기 좋아하는 고약한 버릇에 누구 편도 안 드는 그런 말씀이 먹혀들 리 없었습니다.

　그러나 일러바쳐야 소용이 없다는 건 알게 되고부터 차츰 고자질하는 버릇은 없어지게 되었습니다. 그리고 엄마한테 귀가 따갑게 들은, 남의 좋은 점을 찾아내면 네 속이 편하고 네 얼굴도 예뻐질 거라는 엄마의 잔소리는 철들고 어른 되어, 엄마한테 그런 소리를 안 듣게 된 후에 오히려 더 자주 생각나고, 어떡하든지 지키고 싶은 생활신조 같은 것이 되었습니다. 그리고 엄마가 나한테 하신 것과 똑같은 잔소리를 내 아이들에게 하게 되었고, 내 성질까지 정말 그런 사람이 된 것처럼 느낄 때가 많습니다. 남의 좋은 점만 보는 것도 노력과 훈련에 의해서 얼마든지 가능한 일이라고 단언할 수 있으니 누구나 한번 시험해 보기 바랍니다. 남의 좋은 점만 보기 시작하면 자기에게도 이로운 것이 그 좋은 점이 확대되어 그 사람이 정말 그렇게 좋은 사람으로 변해 간다는 사실입니다. 믿을 수 없다면 꼭 한번 시험해 보기 바랍니다. 옛 성현의 말씀 중에도 이런 게 있습니다. '이 세상만물 중에 쓸모 없는 물건은 없다. 하물며 인간에 있어서 어찌 취할 게 없는 인간이 있겠는가.' 아무 짝에도 쓸모 없는 인간이 있다면 그건 아무도 그의 쓸모를 발견해 주지 않았기 때문입니다. 발견처럼 보람 있고 즐거운 일도 없습니다. 누구나 다 알아주는 장미의 아름다움을 보고 즐거워하는 것도 좋지만 아무도 거들떠보지 않는 들꽃을 자세히 관찰하고 그 소박하고도 섬세한 아름다움에 감동하는 것은 더 큰 행복감이 될 것입니다.

  우리 삶의 궁극의 목표는 행복입니다. 행복하려고 태어났지 불행하려고 태어난 사람은 아무도 없습니다. 누구나 행복하게 살기를 원하지만 각자 선택한 행복에 이르는 길은 제각각 다릅니다. 돈만 많이 벌면 행복해지리라 믿는 사람이 있는가 하면 출세하여 권력자가 되면 행복해지리라 믿는 사람도 있습니다. 그리하여 누구는 돈을 벌기 위해 일상의 사소한 기쁨은 희생하고 일만 하다가 저녁이면 돈을 세는 것으로 하루를 마감합니다. 돈 세는 일은 갈증 난 이가 소금물 마시듯이 잠시의 목마름은 채워 줄지 모르지만 곧 더 목말라집니다. 그래서 하루하루 더 욕심에 쫓기어 휴식을 모릅니다. 권좌에 오르고 싶은 사람도 마찬가지입니다. 권좌라는 사닥다리엔 정상이 없습니다. 설사 나 외엔 윗자리가 없는 정상에 올랐다고 칩시다. 그러면 그 자리를 더 오래 혼자서 누리고 싶은 욕심에 뒤에서 기어오르는 모든 사람을 적대시하고 발길질하며 전전긍긍하게 되겠지요. 미처 정상의 기쁨을 누릴 새도 없이 말입니다.

최고의 부자, 최고의 권력자도 시시하게 여길 수 있는 게 아마도 학문이나 예술일 겁니다. 그러나 미美나 진리의 추구처럼 천부의 재능 없이는 끝이 안 보이고 분야가 없고, 설사 재능이 있다고 하여도 좌절과 절망을 일용할 양식 삼을 각오가 돼 있지 않으며 도전하기 힘든 분야가 그 분야라고 생각합니다. 어떤 전문 분야나 마찬가지입니다. 중고등학교 땐 좋은 대학만 들어가면 성공한 인생을 반쯤 달성한 줄 알지만 세상은 그렇게 만만하지 않습니다. 세상 사람이 알아주는 대학을 나올수록 가족이나 세상 사람의 기대치도 높아집니다. 기대에 못 미칠 때 일류 학벌이 도리어 열등감이 됩니다. 열등감처럼 사람을 불행하게 하는 게 없는데, 그건 그 사람이 처음에 우월감의 맛을 보았기 때문입니다. 으스대는 쾌감을 알기 때문에 아무도 안 알아주는 입장을 참아내지 못하는 겁니다.

부자가 되거나 권세를 잡거나 전문 분야에서 두각을 나타내는 것이 개인의 특별한 능력이듯이 행복해지는 것도 일종의 능력입니다. 그리고 그 능력은 성공한 소수의 천부적 재능과는 달리 우리 인간 모두의 보편적인 능력입니다. 창조주는 우리가 행복하길 바라고 창조하셨고 행복해할 수 있는 조건을 다 갖춰 주셨습니다. 나이 먹어가면서 그게 눈에 보이고 실감으로 느껴지는 게 연륜이고 나이 값인가 봅니다. 하늘이 낸 것 같은 천재도 성공의 절정에서 세상의 인정이나 갈채를 한 몸에 받는다 해도 그 성취감은 순간이고 그 과정은 길고 고됩니다. 인생도 등산이나 마찬가지로 오르막길은 길고, 절정의 입지는 좁고 누리는 시간도 순간

적이니까요. 이왕이면 과정도 행복해야 하지 않을까요. 인생은 결국 과정의 연속일 뿐 결말이 있는 게 아닙니다. 과정을 행복하게 하는 법이 가족이나 친척 친구 이웃 등 만나는 사람과의 인간관계를 원활하게 하는 것입니다. 모든 불행의 원인은 인간관계가 원활치 못하는 데서 비롯됩니다. 내가 남을 미워하면 반드시 그도 나를 미워하게 돼 있습니다. 남이 나를 좋아하지 않는다고, 나는 잘못한 거 없는데 그가 나를 싫어한다고 여기는 불행감의 거의 다는 자신에게 있습니다. 자신이 그를 좋아하지 않고 나쁜 점만 보고 기억했기 때문입니다. 아무에게도 사랑받지 못하는 사람처럼 불쌍한 사람은 없습니다. 그건 곧 사랑을 할 줄 모르는 사람처럼 불쌍한 사람은 없다는 소리와 다름이 없습니다. 처음에도 말했듯이 인간관계 속에서 남의 좋은 점을 발견해 버릇하면 그 사람이 좋은 사람이 되어 나를 행복하게 해주는 기적이 일어납니다. 서로 사랑하게 되는 거지요. 사랑받을 만한 구석이 하나도 없는 사람은 이 세상에 없습니다. 그런 인간을 하느님이 창조하셨을 리가 없습니다.

현재의 인간관계에서뿐 아니라 지나간 날의 추억 중에서도 사랑 받은 기억처럼 오래 가고 우리를 살맛나게 하고 행복하게 하는 건 없습니다. 인생이란 과정의 연속일 뿐, 이만하면 됐다 싶은 목적지가 있는 건 아닙니다. 하루하루를 행복하게 사는 게 곧 성공한 인생입니다. 서로 사랑하라고 예수님도 말씀하셨고, 김수환 추기경님도 말씀하셨습니다. 그 말씀은 '너희들 모두모두 행복하라' 는 말씀과 다름없을 것입니다.

님은
가시고

　나는 음식을 안 가리는 편이다. 소고기 닭고기 돼지고기 다 잘 먹지만 생선이나 고기 없이 김치하고 나물만 있어도 만족스러운 식사를 할 수가 있다. 한마디로 아무거나 잘 먹는 잡식동물이다. 외국 여행을 할 때 며칠에 한 번이라도 꼭 한식당에 들려야 그렇지 않으면 못 견뎌 하는 사람을 더러 본 적이 있는데 얼마나 불편할까, 속으로 동정할 정도로 나는 그 나라 음식을 먹어 보는 것도 관광 못지않은 새로운 경험으로 즐겨 왔다.

　십여 년 전 버스로 네팔의 오지를 돌아다닐 때였는데 재래시장 뒷골목에 있는 허름한 음식점에서 점심을 먹게 되었다. 안내하는 사람이 우리 일행의 비위에 맞을 거라며 시킨 식사가 카레라이스 비슷한 거였다. 닭고기가 많이 들어 있는 카레와 밥이 나왔다. 아무거나 안 가리고 잘 먹는다고 했지만 역시 밥이 빵보다 반가웠다. 그러나 젓가락도 스푼도 없이 카레라이스만 나와서 알아보니 손으로 먹으라는 거였다. 다들 난감해했지만 나는 그들이 가르쳐 주는 대로 곧잘 따라했다. 카레에다가 밥을 버무려 오른손의 엄지와 검지와 가운데 손가락으로 먹기 좋게 꼭꼭 뭉쳐서 입에 넣었다.

유명한 여행가 한비야 씨가 지금보다 덜 바빴을 때 같이 중국 운남성의 오지를 여행한 적이 있다. 리장(麗江)이란 데서 택시를 탔는데 운전기사 인상이 좋았다. 한비야 씨는 그때 중국어를 배우는 중이었는데도 기사하고 활발하게 대화를 주고받았다. 맛있는 음식점이 어디냐고 물어보다가 기사 집에서 가정 음식을 먹어보고 싶다는 데까지 친밀감이 발전해서 드디어 운전기사네 집까지 가게 되었다. 가족이 총동원해서 닭까지 잡아서 진수성찬을 차려 주었다. 내가 중국에서 먹어본 음식 중 가장 맛있는 음식이었지만 식탁이 놓인 부엌 바닥은 울퉁불퉁한 흙바닥인데 옛날 우리 시골집 수채 구멍같이 생긴 하수구가 그대로 노출돼 있어서 비위가 상할 법도 한데 모든 음식이 그저 맛있기만 했다.

좋게 말하면 소탈하고 솔직히 말하면 무국적에다 무신경한 나의 식성에 변화가 온 것을 느낀 것은 최근의 일이다. 지난달 유럽 쪽을 이주일가량 여행하고 돌아왔는데 다들 잘 사는 나라에서 중급 이상의 호텔에 묵고 이름난 식당도 찾아가 보고 간간이 현지의 한식당도 들렀건만 배는 고픈데 도무지 식욕이 나지 않았다. 짠지라도 한 쪽 먹으면 비위가 가라앉으려나 싶게 속이 느글느글했다. 집에서도 별로 집착해 본 적이 없는, 어려서 먹던 토속적인 음식이 그리웠다. 나는 드러내 놓고 말은 못하면서도 속으로 아아, 이게 나이 값이구나 싶었다. 서양 음식 때문에 상한 비위는 내 집의 평범한 집 밥만 먹으면 금방 가라앉을 줄 알았는데 그렇지가 않았다. 여행에서 돌아오는 날 딸들이 내가 좋아하는 우거지 된장국과 열무김치 나물 몇 가지를 해놓고 나를 기다려 주었건만 그것도 그렇게 반갑지가 않았다. 느글느글하게 들뜬 것 같은 비위가 좀처럼 가라앉지 않아 궁리 끝에 가까운 냉면집으로 비빔냉면을 먹으러 갔다. 시뻘겋고 맛이 진한 비빔냉면을 먹으면 비위가 가라앉을 것 같았다. 비빔냉면은 결코 내가 평소에 좋아하던 음식이 아니다. 그러나 왜 그렇게 맵고 진한 게 먹고 싶은지 다음날은 집에서 나물에다가 고추장을 넣고 시뻘겋게 한 대접을 비볐다. 외식할 때 어쩌다 비빔밥을 시켜 먹는 경우가 있어도 고추장은 넣는 둥 마는 둥 성겁게 비비는 내 평소의 식성에 반한 짓이었다. 그래도 한번 덧난 비위는 가라앉지 않았다.

마침 그때 원주 토지문화관에서 택배로 김장 김치를 부쳐 왔다. 박경리 선생님이 작년에 담아 산에 묻어 놓은 김장독을 헐었다고, 문화관 직원이 생전의 선생님이 하시던 대로 나에게도 나눠 준 것이었다. 나는 허둥거리며 그 김장 김치를 썰지도 않고 쭉 찢어서 밥에 얹어 아귀아귀 먹었다. 들뜬 비위가 다소 가라앉으면서 선생님 그리는 마음이 새삼스럽게 절절해졌다. 선생님은 평소 나들이를 좋아하지 않으셔서 원주 쪽에 칩거해 사시면서 고향인 통영에 가보신 것도 최근 몇 년 사이의 일로 알고 있다. 이십대에 떠난 통영을 몇 십 년 만에 들르시게 되면서 통영 사람들의 선생님 공경도 극진해져서 젓갈이나 싱싱한 해산물 등 그쪽 특산물을 부쳐 오는 일도 자주 있는 것 같았다. 그런 것들을 나에게도 나누어 주시면서 그쪽 음식에 대한 자랑을 침이 마르게 하실 적이 있었다. 그럴 때의 선생님은 꼭 어린애 같으셨다. 옆에서 듣는 나는 저건 음식 자랑이 아니라 고향 자랑이로구나 느끼곤 했다. 한번은 이런 내 마음속을 들여다보신 것처럼 '음식은 개성 음식이 최고지' 하면서 우리 고향도 좀 치켜세우셨다.

내 들뜬 비위가 찾아 헤매는 것은 옛날 맛, 고향의 맛이었던 것이다.

보석처럼 빛나던
나무와 여인

박수근 화백을 알게 된 것은 1951년이 저물어 가는 겨울이었다. 그때 나는 스물한 살이었고, 서울대학교 문리대 국문과에 입학한 이듬해였다. 그때만 해도 서울대에 여학생 수란 손가락으로 셀 수 있을 정도로 희귀했고, 특히 문리대는 대학의 대학이라고 자긍심이 대단할 때라 나도 내 위에 누가 있으랴 싶게 콧대가 높았다.

그러나 입학하자마자 6·25가 나고 집안이 몰락해서 어린 조카들과 노모를 책임져야 하는 가장이 되고 말았다. 생산업체도 관공서도 있을 리 없는 환도 전의 최전방 도시 서울에서 찾을 수 있는 직장은 미군부대가 고작이었다.

서울의 번화가는 거의 폐허가 돼 있었고 남쪽으로 피난 간 시민들의 한강 도강은 엄격히 금지되어 있어 온전한 주택가도 텅텅 비어 있었다.

온전한 직장이 있을 리 없었다. 살아 있는 경기라곤 오직 미군부대 주변의 양공주 경기가 무슨 도깨비불처럼 요괴롭게 명멸할 뿐이었다. 그런데 PX라니, 나는 그때 PX 근처를 얼쩡거리기만 했을 뿐인데 거짓말처럼 쉽게 PX에 취직이 됐다. 그때 미 8군 PX는 지금의 신세계백화점에 자리잡고 있었다. 그 일대의 큰 건물들이 다 불타고 파괴된 가운데 오직 그 건물만이 온전했다. 그러나 비록 폐허가 됐을망정 PX에서 흘러나오는 미군 물자와 PX를 드나드는 미군을 상대로 한 장사로 그 일대는 딴 세상처럼 화려했고 시끌시끌한 활기가 넘치고 있었다. 장사꾼뿐 아니라 오물을 한 깡통씩 들고 다니며 PX 걸을 협박해서 돈을 구걸하기도 하고, 미군의 소지품을 슬쩍하기도 하는 구걸과 소매치기와 뚜쟁이를 겸한 소년들의 중심지이기도 했다. 전쟁의 불안과 가난에 찌든 우리가 밖에서 보기엔 PX야말로 별세계였다. 알리바바의 동굴처럼 들어가기가 어려워서 그렇지 일단 들어가기만 하면 온갖 진귀한 보물이 널려 있는 꿈의 보고였다. 그러나 그 안에서 물건을 빼돌리다 들통이 나면 그 자리에서 해고를 당하고 새로 뽑기 때문에 기회만 잘 닿으면 취직하기 쉬운 자리이기도 했다. 그만큼 줄 서서 기다리는 구직자도 많았는데 그 중에서 쉽게 발탁이 된 것은 그 와중에도 서울대 학생이라는 게 눈길을 끈 것 같았다.

쉽게 임시 패스를 받고 그 안에 들어가 보니 진짜 PX 걸이 된 것이 아니라 한국물산 위탁매장의 점원이 된 것이었다. 그때 PX는 아래층만 매점이었는데 그것도 삼분의 일 가량은 한국인 업자에게 위탁매장으로 내주고 있었고, 그 중의 하나가 초상화부였는데 나는 그곳으로 배치를 받앉다. 초상화부엔 다섯 명 정도의 궁기가 절절 흐르는 중년남자들이 그림을 그리고 있었는데, 전쟁 전엔 극장 간판을 그리던 사람들이라고 했다. 업주가 그들을 간판장이라고 얕잡아 보니까 나도 그렇게 알고 함부로 대했다. 박수근 화백도 그 중 한 사람이었다. 나는 그가 딴 간판장이와 다른 점을 전혀 알아보지 못했다. 그의 염색한 미군 작업복은 매우 낡고 몸집에 비해 작았으며 말이 없는 편이었다.

내가 초상화부에서 할 일은 화가를 뒷바라지하면서 미군으로부터 초상화 주문을 맡는 일이었다. 제 발로 걸어와서 초상화를 그리겠다고 주문하는 미군은 거의 없었다. 먼저 말을 걸어 초상화를 그리도록 꼬시는 일이 나의 주된 업무였다. 그 일은 물건을 파는 일보다도 훨씬 어려웠다. 영어도 짧은데다가 꽁하고 교만한 성격도 문제였다. 오죽했으면 식구가 다 굶어 죽는 한이 있어도 그만두어 버릴까 보다고 매일 아침 벼를 정도였다. 나에겐 전혀 맞지 않는 일이어서 그림 주문이 거의 끊기다시피 했다. 업주가 무어라고 하기 전에 화가들이 먼저 아우성을 치기 시작했다. 나는 월급제였지만 그들은 작업량에 따라 일주일에 한 번씩 그림 삯을 타게 되어 있었다. 내 식구뿐 아니라 화가들 식구의 밥줄까지 달려 있다는 무거운 책임감이 조금씩 내 말문을 열게 했다. 화가들이 나에게 불평을 할 때도 박수근은 거기 동조하는 일이 없었다. 남보다 몸집은 크지만 무진 착해 보이고 말수가 적어서 소 같은 인상이었다.

착하고 말수가 적은 사람이 자칫하면 어리석어 보이기가 십상인데 그는 그렇지가 않았다. 그러나 그 바닥은 결코 착하고 점잖은 사람을 알아볼 만한 고장이 아니었다. 나부터도 그랬다. 내가 말문이 열리고, 또 어느 정도 뻔뻔스러워지기도 해서 돼먹지 않은 영어로 미군에게 수작을 걸 수 있게 되고, 차츰 그림 주문도 늘어날 무렵부터 화가들에게 안하무인으로 굴기 시작했다. 내 덕에 그들이 먹고살 수 있다는 교만한 마음이 그들을 한껏 무시하고 구박하게 했다. 그들은 거의 사오십대로 나에겐 아버지뻘은 되는 어른인데도 나는 그들을 김씨, 이씨 하고, 마치 부리는 아랫사람 대하듯이 마구 불러댔다. 김 선생님, 이 선생님이라고 부르기 싫었으면 하다못해 김씨 아저씨, 이씨 아저씨라고 해도 좋으련만 꼬박꼬박 김씨, 이씨였다. 그도 물론 박씨에 지나지 않았다. 그때 나는 그들에게 내가 아무리 잘난 체를 해도 지나칠 것이 없다고 여기고 있었다. 양갓집 딸로, 또 서울대 학생인 내가 미군들에게 갖은 아양을 다 떨고, 간판장이들을 우리나라에서 제일급의 예술가라고 터무니없는 거짓말까지 해 가며 저희들의 일거리를 대주고 있는데, 그만한 생색쯤 못 낼게 뭔가 싶었다. 나는 그때 내가 더는 전락할 수 없을 만큼 밑바닥까지 전락했다고 생각하고 있었고, 그 불행감에 거의 도취해 있었다.

다른 매장은 물건을 한번 팔면 끝나는데 초상화부는 그림 주문을 받은 것으로 끝나는 것이 아니었다. 주문한 그림을 찾으러 올 때가 더 문제였다. 미군들도 제 얼굴을 그려 달라는 이는 거의 없고 애인이나 아내 혹은 누이의 사진을 맡기고 그려 달라는데, 찾으러 와서는 닮지 않았다느니 실물보다 못하다느니 트집을 잡기가 일쑤였다. 주문을 맡을 때보다 찾아갈 때 더 능란한 수완을 요했다. 만약 내가 그들의 트집을 달래고 설득하기가 귀찮아서 다시 그려 주겠다고 반품을 받으면 그 손해는 고스란히 화가들에게 돌아갔다. 공짜로 또 한 장을 그려야 한다는 시간과 노력의 손해보다 재료값을 주급에서 공제하는 걸 그들은 몹시 억울해했다. 당시 초상화부에서 쓴 화판은 캔버스가 아닌 스카프, 손수건, 사륙배판 크기의 노방 조각 등 세 종류였다.

그 중 인기 품목이 스카프였다. 나는 실크 스카프라고 허풍을 떨었지만 아주 조잡하게 짠 네모난 인조견 보자기 한쪽 모서리에 용 모양을 나염한 것이었다. 지금 같으면 안감으로도 안 쓸 번들번들한 인조견 조각이 원가가 1달러 30센트였고 나염한 용과 대각선이 되는 모서리에다 초상화를 그리면 6달러를 받았다. 화가에게 그 중 얼마가 공전으로 돌아가는지는 모르지만 그림 하나를 망치면 1달러 30센트를 고스란히 물어내야만 했다. 반품 받는 것을 그들은 '빠꾸 받는다'라고 했는데, 내가 기분이 언짢으면 함부로 빠꾸 받는다는 걸 알고 내 비위를 맞추려고 비굴하게 구는 것도 무리가 아니었다. 그럴수록 나는 그들을 깔보고 한껏 신경질을 부렸다. 나는 하찮은 그들을 위해 나의 그 대단한 자존심을 팔았다고 여기고 있었기 때문에 아무리 생색을 내도 모자라는 느낌이었다. 그 무렵 내가 그들에게 얼마나 싹수없이 못 되게 굴었나는 지금 생각해도 모골이 송연해진다. 나는 틈만 나면 고개를 곧추세우고 뒷짐을 지고, 화가들이 작업하고 있는 책상 사이를 오락가락하면서 그들의 그림 솜씨를 모욕적으로 평하기를 즐겼다.

어느 날 박수근이 두툼한 화집을 한 권 옆구리에 끼고 출근을 했다. 나는 속으로 '꼴값하고 있네, 옆구리에 화집 낀다고 간판장이가 화가 될 줄 아남' 하고 비웃었다. 그러나 순전히 폼으로만 화집을 끼고 나온 것은 아닌 모양이었다. 그가 화집을 펴들고 나에게로 왔다. 얼굴에 망설이는 듯 수줍은 미소를 띠고. 마치 선생님에게 칭찬받기를 갈망하는 초등학교 학생처럼 천진무구한 얼굴이었다. 그가 어떤 그림 하나를 가리키며 자기 작품이라고 했다. 일하는 촌부村婦 그림이었다. 일제 시대의 관전인 조선미술전람회에 입선한 자기의 그림이라고 했다. 내가 함부로 대한 간판장이 중에 진짜 화가가 섞여 있었다는 건 사건이요 충격이었다. 나는 부끄러움을 느꼈고, 내가 그 동안 그다지도 열중한 불행감으로부터 문득 깨어나는 기분을 맛보았다. 그리고 나의 수모를 말없이 감내하던 그의 선량함이 비로소 의연함으로 비치기 시작했다.

그는 왜 어느 날 느닷없이 그 화집을 나에게 보여 줬을까. 간판장이들과 다르게 보임으로써 내 구박을 조금이라도 덜 받아 보려고 그랬을까? 그러나 나에게 그 화집을 잠깐 보여 준 후에도 그는 여전히 잘난 척이라곤 모르는 간판장이들 중에서 가장 존재 없는 간판장이로 일관했다. 그가 신분을 밝힌 것은 내가 죽자꾸나 열중한 불행감으로부터 헤어나게 하려는 그다운 방법이었을지도 모른다는 생각을 하게 된 것은 한참 후의 일이다. 내 불행에만 몰입했던 눈을 들어 남의 불행을 바라볼 수 있게 되고부터 PX 생활이 한결 견디기가 쉬워졌다. 그에 대한 연민이 그 불우한 시대를 함께 어렵게 사는 간판장이와 동료 점원들에게까지 번지면서 메마를 대로 메말라 균열을 일으킨 내 심정을 축여 오는 듯했다. 비로소 내가 막되어 가는 모습을 그가 얼마나 연민에 찬 시선으로 지켜보아 주었는지도 알 것 같았다. 그 후 그와 나는 자연스럽게 가까워졌고 퇴근길을 같이하면서 한 치 앞을 대다볼 수 없는 시국에 대한 불안과 공포를 서로 나누면서 위로받곤 했지만, 서로의 가정사에 대해선 한마디도 나누지 않았다. 나는 휴전이 되기 전에 결혼해서 PX 걸 생활을 청산했고 그는 휴전 후 정부가 환도하면서 PX가 용산으로 옮겨 간 후까지도 초상화 그리는 일을 한 걸로 알고 있다.

내가 비교적 평탄한 결혼 생활을 하면서 많은 아이를 낳아 기르느라 문화계 소식과는 담을 쌓고 사는 사이에 그는 조금씩 유명해졌지만 여전히 그림만으로는 생활이 안 될 때 백내장으로 고생하다가 타계한 걸 전해 들었다. 그의 유작전 소식을 신문 문화면에서 읽고 마음먹고 찾아가 〈나무와 여인〉이라는 작은 소품에 매료되어 오랫동안 그 앞을 떠나지 못했고, 그때의 감동이랄까, 소름이 돋을 것 같은 충격을 참아내기 어려워 놓여 나기 위해 쓴 게 내 처녀작 『나목』이다. 그는 왜 꽃 피거나 잎 무성한 나무를 그리지 못하고 한결같이 잎 떨군 나목만 그렸을까. 왜 나무 곁을 지나는 여인들은 하나같이 머리에 뭔가를 이고 있지 않으면 아이라도 업고 있는 걸까.

남자들을 일자리가 없고, 그 대신 여인들이 두 배로 고달팠던, 그러나 강한 여인들은 결코 절망하지 않고 전후의 빈궁을 온몸으로 감당하고 사는 모습이 그의 선한 눈엔 가장 아름다워 보였을 것 같다. 그래서 오래오래 남기고자 화폭을 돌 삼아 돌을 쪼듯이 힘과 정성을 다해 그린 게 아니었을까. 여인들이 바쁘게 지나가는 길목마다 나목이 서 있다. 조금만 더 견디렴, 곧 봄이 오리니 하는 위로처럼. 그와 내가 한 직장에서 보낸 그해 겨울, 같이 퇴근하던 폐허의 서울에도 나목이 된 가로수는 서 있었다. 내 황폐한 마음엔 마냥 춥고 살벌하게만 보이던 겨울나무가 그의 눈엔 어찌 그리 늠름하고도 숨 쉬듯이 정겹게 비쳐졌을까.

이번 현대화랑에서 열리는 박수근 회고전에서 제일 먼저 내 눈에 들어온 것도 나에게 소설 『나목』을 쓰게 한 그 〈나무와 여인〉이었다. 그건 작지만 보석처럼 빛나며 내 눈을 끌어당겼다. 전시회는 국민화가라는 애칭, 존칭에 걸맞게 대성황이었다. 못 보던 대작도 많았지만 나는 좀처럼 나의 작은 보석 앞을 떠나지 못했다.

※ 이 글은 2010년 현대문학에서 펴낸 산문집 『못 가 본 길이 더 아름답다』에서 전재한 것임.

박명성

모국어
흙의 말씀
내 몸은 이미 그 땅에 묻혀 있고

1932년 평북 의주에서 태어나 숙명여고와 서울대학교 국어국문학과를 졸업하였다. 1956년 국문학과 졸업 직전 서정주 시인 추천으로 〈현대문학〉에 「장미薔薇」와 「별」을 발표하며 시인으로 등단하였다. 숙명여고 교사와 서울대 음대 강사를 지내고, 외교관인 부군을 따라 1967년부터 1996년까지 미국, 독일, 일본, 가나 및 홍콩 등지에서 해외 생활을 하였다.
시집으로는 『장미시집』, 『햇속의 해』, 『나그네 길에서』, 『해바라기의 꿈』, 『천산天山에 누운 사막』과 시선집으로 『바보눈썹』이 있다. 여류시 동인으로 활동하였고 신문과 잡지 등에 수필과 수상을 발표한 바 있다.

모국어

모국어는 내가 죽도록 경작할 토지이다.

모국어는 나를 길러 주신 아버지요, 어머니이다.

내 존재의 본향이며, 그 시작이요, 끝이다.

삼백육십오일, 춘하추동, 밤이요, 낮이다.

단군 할아버지요, 삼국, 고려, 이조의 백자 항아리다.

고국의 산천이요, 들이요, 골짜기요, 바다이다.

나는 모국어로 기뻐하고 모국어로 슬퍼한다.

모국어는 나의 주변 어디에나 서식하고 무성하는 향기로운 나무이다.

모국어로 욕하고 거짓말하는 일은 부끄러운 일이다.

모국어는 나의 신전神殿이요, 집이다.

온갖 보물 쌓아 둔 창고이다.
불가사의不可思議이다.

흙의 말씀

봄

봄마다 설레이고
봄마다 기다렸다.

올해도 어김없이
내 곁에 와

꽃을 피워 아양 떨어
나를 유혹하누나.

쪼빗쪼빗 연초록 새잎 돋아나
쪼빗쪼빗 대지가 새로 살아나
늦지 않았다, 늦지 않았다,
나를 부추기누나.

그렇다
광맥鑛脈 같은 의지라면

더 늦을 것도 없다
혼자 작심하는 이 봄.

여름

검푸른 녹음의 우물
나는 그 깊이를 모른다.

작렬하는 태양
그 빛과 열의 작업,
나는 또 헤아릴 줄 모른다.

다만 나는 응원應援의 선수
지상의 열매여, 지하의 뿌리여,

젖과 꿀이 흐르는 가슴에 안겨라
하이얀 호박살 주황으로 물들고
배추 속 꽉 차는 마무리까지

일하고 또 일하는 질박한 마음-
아프고 괴로울 때 세워주는 가슴-

흙의 온 육체와 동거同居하는 여름
나는 좋아라.

가을

사과는 사과로 자라고
사과의 맛으로 익는다.

배는 배로 자라고
배의 맛으로 익는다.

생육生育의 결산이 눈앞에 다가온다.
무상無常이 껍질을 드러낸다.

풍요와 가난,

떠나는 자와 남는 자,
거두는 자와 잃는 자,
일꾼들이 총총히 떠나가 버린
텅 빈 흙의 들녘……

아무래도 지금은
이별을 견뎌야 하는 때-

흙은 알몸으로 엎드려
말이 없다.

겨울

해가 두리번거리더니
옷 벗은 나뭇가지에
가볍게 가 앉는다.

스미는 바람 속에
봄의 얼굴 미소짓기에
깊은 잠과 움츠림도
미풍으로 녹인다.

지금은 눈부신 백금白金의 대지
뭇 생명의 겨울나기
숨소리 가파르다.

이 여실한 자연의 교신-
흙의 참마음 드러나는 계절이다.

적나라 그대로
나도 나무가 된다.

내 몸은 이미
그 땅에 묻혀 있고

극약 마신 위장처럼
늘 죽을 듯이 아팠다.
그 속에서

덤으로 한 술 얹혀
미안미안 눈치보며 자라다가

괴질怪疾 치르고
전란에 볶이고
비좁은 화물차 간에 실린
마소였다.

그때는 별 수 없이 마소였다.

무서운 사람들의 조준照準 앞에서
빈사瀕死하며 살아가는 법을
배워야 했다.

서른여섯 해
우물 안 개구리로 살았다.

그런데
참 이상한 일이다.
구름 위의 범선帆船을 타고
그 곳에서 멀어져 갈 때도
그래도 나는 그 우물의 일각一角에
매달려 있었고,

상춘의 섬 와이키키 해변을
거닐 때도 여전 동해의 파도 소리를
듣고 있었다.

어디서나 그 바다에 도달하고,
언제나 그 강산의 사투리 속에

떨어지고 있었다.

그리고 내 몸은
이미 그 땅에 묻혀 있었다.

자기가 쓴 작품에 대해 뭐라고 말하는 일은 쑥스러운 일이지만 해방 후의 혼란과 6·25를 겪은 입장이니 그때 상황을 짐작해 주시리라 믿는다.

몇 년 전의 일이다. 미국에 이민 갔다가 일시 귀국한 친구한테서 전화가 왔다. 50년 만의 해후였다. 처음 이민 가서 그 생활이 얼마나 힘들고 처참했던지 묻지 않아도 그 친구가 말하는 사이사이에 닦아 내던 눈물이 모든 것을 말해 주고 있었다. 힘들었던 고비마다 숙명에서의 생활, 그리운 친구들의 얼굴이 떠올라 이겨낼 수 있었다고 했다. 꼭 이겨서 그 친구들을 만나야지 그 일념으로 버텨 왔다고 했다.

어느 소풍 날, 배 한 알을 같이 깎아 먹던 일을 못 잊었노라고 했다. 우리들 가슴 속에는 수송동 골목에 고즈넉이 서 있던 담쟁이 넝쿨 덮인 벽돌집을 잊을 수가 없다.

이경희

현이의 연극
강물에 띄워 보낼 편지

1932년 서울에서 태어나 숙명여중, 서울대학교 약학대학을 졸업하였다. 대학교 2학년 때부터 KBS 라디오, KBS TV의 〈스무고개〉, 〈재치문답〉, 〈나는 누구일까요?〉 등 교양 오락 프로그램 패널리스트로 20년간 출연. 1970년 첫 수필집 『산귀래』 출간과 더불어 문단 활동을 시작하였다. 수필 「현이의 연극」이 중학교 국정교과서에 게재되었다.

저서로 수필집 『산귀래』, 『뜰이 보이는 창』, 『현이의 연극』, 『남미의 기억』, 『봄 시장』, 『멀리서 온 시집』, 『외로울 땐 편지를』, 『백남준 이야기』, 『이경희 기행수필』, 영문 수필집 『Back Alleys in Seoul』 등이 있다. 현대수필문학상, 조경희수필문학상을 수상하였다. 한국문인협회, 국제펜클럽 한국본부, 한국수필가협회, 한국산문작가협회, 숙란문인회 회원으로 활동하고 있다.

현이의 연극

두 시까지 오라는 현이의 말대로 부랴부랴 시민회관으로 갔다. 현이가 예술제에서 연극에 출연하기로 되었기 때문이다. 현이가 출연하는 연극 〈숲 속의 대장간〉은 제2부의 첫 순서에 있었다.

풀잎 역을 하게 되었다는 현이가, 그 동안 매일 학교에서 늦게 오고, 휴일에도 학교에 나가 연습을 하곤 할 때에는 별로 관심이 없었는데, 막상 공연하는 날이 되니까 이상하게도 가슴이 두근거렸다. 마치 현이 혼자의 발표회나 되는 것처럼 흥분되어, 2부 순서를 기다리는 동안 무척 초조했다. 나는 현이의 모습을 상상해 봤다.

새벽부터 일어나서 "분장을 해야 하니까 일찍 가야 해요" 하며 부산을 떨던 현이의 상기된 얼굴이 떠오르면서, 혹 무대 위에서 실수라도 하지 않을까 걱정이 되었기 때문에 아마 더욱 흥분해 있을지도 모른다.

마침내 제2부가 시작되는 종이 울리고 이어 불이 꺼졌다. 막이 오르자, 캄캄한 무대가 나타났다. 무대중간을 비추고 있는 조명 속에 선녀가 서 있었다. 얼마 전에 현이가 모자 달린 푸른색의 옷을 가지고 와서 "선녀 옷은 참 예쁜데, 참새 옷도 예쁘고……" 하며 자기 옷이 덜 예쁜 것에 대해 서운한 빛을 보인 적이 있었는데, 그때 말한 선녀인 것 같았다.

얼마 후 선녀는 없어지고 밝아진 무대 한가운데에 대장간이 생겼고 그 뒤는 숲이 울창하였다. 나는 현이가 언제 나올 것인가 열심히 지켜봤다. 숲 속에서 참새와 까치 떼가 대장간 앞마당에 날아와서 놀고 춤추고 하는 장면이 나왔지만 풀잎 역을 맡은 현이는 그때까지도 눈에 띄질 않았다. 나는 무대를 계속 지켜보며 현이의 모습을 기다렸다. 그러다가 문득, 아까부터 대장간의 배경을 이루고 있는 숲 속에서 합창 단원 모양의 대열을 짓고 쪼그리고 앉아 있는 것에 눈이 갔다. 나는 그것이 풀잎들인 것을 알아냈다.

'현이가 바로 저기, 저 많은 풀잎 중의 하나로 끼여 앉아 있는 거구나!'

순간, 지금까지 흥분해 있던 마음이 가시고 실망되는 마음조차 터놓을 수 없는, 그런 야릇한 기분에 싸이고 말았다. 현이는 바로 그런 역을 맡고 있었다.

대장간 앞뜰에는 토끼도 나오고, 포수도 나오고, 동네 여인과 대장간 집 주인도 나와 익살스런 대화를 주고받고, 그리고 때때로 참새 떼와 까치 떼가 이리저리 날아다니며 노래하고 춤추고 하는데 풀잎들은 계속 줄지어 붙어 앉아 양 손에 든 풀잎 그림판만 가끔 흔들 뿐이었다. 더군다나 양 손에 든 풀잎 그림판으로 얼굴을 노상 가리고 앉아 있기 때문에 그 많은 풀잎 중에서 어느 애가 현이인지 가려낼 길이 없었다.

현이가 풀잎 역을 맡게 되었다고 했을 때 저의 언니가 "너도 뭐라고 말하는 것 있니?" 하니까 "그러엄!" 하길래, 제대로 무대에서 연기도 하고 대사도 말하고 하는 줄 알았던 것이다. 정확히 말을 한다면야 풀잎들도 다 함께 입을 모아 무어라고 함성을 지르고 하니까 아주 입을 다물고 있는 것은 아니긴 하였다.

조금 전만 해도 주위의 모든 관객들이 현이를 보러 온 것 같았는데 그 사람들은 다 지금 한 가지씩을 연기하고 있는 아이의 가족들이고 나만 그렇지 않은 것 같아서 서글픈 생각마저 들었다. 어쨌든 나는 무대 위에서 벌어지는 중요한 장면을 보는 대신 다닥다닥 두 줄로 붙어 앉은 풀잎의 움직임만을 보았다. 그 속의 어떤 풀잎이 현이인가를 찾아야 했기 때문이다. 손에 든 그림판을 양 옆으로 흔들 때에만 살짝살짝 보이는 얼굴이라, 그 순간에 현이를 찾아내기란 쉬운 일이 아니었다. 이 풀잎도 현이 같고, 저 풀잎도 현이 같고……, 현이 같다는 생각을 하면 하나같이 현이라고 생각 안 되는 풀잎이 없었다.

사실 우리 집 애가 반드시 남의 눈에 띄는 중요한 역을 맡아야 한다든지, 조금이라도 나은 역을 해야 한다는 생각은 조금도 없었다. 다만 엄마는 자기 아이한테 제일 먼저 관심이 가게 되는 것이기 때문에 현이가 눈에 띄지 않는 데에 실망하였을 뿐이다. 그러는 동안에 연극은 끝났다. 나는 현이를 찾으러 아래층으로 갔다. 얼굴에 빨갛고 꺼멓게 분장을 한 아이들 틈에서 한참 만에 현이를 찾았다. 물론 현이 쪽에서 먼저 엄마를 부른 것이다.

"엄마! 나 하는 것 보았어요?"

현이는 나를 보자마자 그것부터 물었다. 이럴 때 보았다고 해야 할지, 못 보았다고 해야 할지, 얼른 생각이 나지 않아 망설이면서, "응, 현이가 어느 쪽에 앉아 있었지?" 나는 대답 대신 이렇게 물었다. 혹시 못 보았다는 것을 알아채고 실망을 하는 게 아닌가, 눈치를 살폈는데, 현이는 의외로 밝은 얼굴을 하며, "둘째 줄 끝 쪽에 앉아 있었어요." 하더니, "엄마, 그럼 나 못 보았지? 아유, 난 내 뒤에 있던 참새가 앞으로 나가면서 건드리는 바람에 모자가 벗겨져서, 그것을 엄마가 보았으면 어떻게 하나 하고 얼마나 걱정을 했는지 몰라. 금방 집어 썼는데, 엄마 못 봤지?" 이렇게 말하는 것이 아닌가? 나는 현이의 이 말에 또 한 번 마음속으로 놀랐다. 그리고 미안한 생각이 들었다. 비록 눈에 잘 안 띄는 풀잎 역을 하였지만, 현이는 풀잎으로서의 자기의 역할에 충실했으며 엄마가 자기를 꼭 보아 주리라는 확신 때문에 더욱 열심히 연기를 하였고 오히려 자기의 실수를 엄마가 보았을까 걱정을 했던 것이다.

결국 현이가 그러한 실수라도 하지 않았다면 엄마가 보지 못한 데 대하여 실망을 했을지도 모를 일이다.

나는 분장을 해서 거의 얼굴을 알아볼 수 없는 현이에게 먹을 것을 조금 사 준 다음, 다음 순서를 보기 위해 자리로 돌아왔다.

현이는 엄마 때문에 그토록 열연을 했음에 틀림이 없다.

강물에 띄워 보낼 편지

P교수가 나의 집 이웃이었다는 사실에 놀랐습니다. 그의 이름은 내가 대학 일학년 때부터 알고 있었으나 워낙 그의 영문학은 내가 가까이 할 수 있는 학문이 아니었기 때문에 여태껏 대할 기회가 없었던 것입니다. 그런데 내가 수필이라는 것을 쓰게 되면서 그리도 자연스럽게 그 분을 알게 된 것입니다.

아무리 멀리 있어도 가는 방향각도方向角度가 같으면 언젠가는 만날 수 있다는 말이 거짓이 아닌 것을 알았습니다.

처음 P교수를 대했을 때 그의 말소리는 그리도 조용하여 내가 유일하게 기억하고 있는 그의 「편지」라는 시를 생각해내게 하였습니다.

오늘도 강물에 띄웠어요.

쓰기는 했건만 부칠 곳 없어

흐르는 물 위에

던졌어요.

내가 몇 학년 때임을 기억하진 못하나 P교수가 나의 마음 깊이 공감을 주어 흐르는 강물에 나의 영혼을 띄워 어느 먼 흰 구름의 고향으로 가고 싶었던 외로운 시절을 상기 시켰습니다.

그런데 바로 P교수는 이미 나이가 드셨고 미국에 가 있는 따님을 무던히도 보고 싶어 하시는 세정世情의 한 아버지로서 나와 마주 앉아 있었습니다.

나는 그 시를 알았던 이십년 전의 나의 나이와 그의 나이를 계산해 보았습니다.

그런 것 있지 않습니까?

꼭 어떻게 된다는 것이 아니라 그때 그렇게도 좋았던 분이면, 벌써 알았더라면 더 좋았지 않았을까 하는…….

물론 이보다도 더 짙은 낭만도 가미되는 것입니다만, 그때 나의 나이는 사십 세 내외……, 여하튼 나는 이런 부질없는 생각을 하면서 P교수와 많은 얘기를 나눴습니다.

인생은 오래 살지 못하는 것이라고 생각하면서, 그 시의 주인공과 마주 앉으니 인생은 결코 오래 못사는 것도 아니라는 것을 생각게 하였습니다.

옛날이나 지금이나 나에겐 하고 싶은 이야기가 많았습니다. 그러나 항상 그 상대는 없었습니다. 설혹 있다손 치더라도 나의 말에 정말 공감해 줄 친구가 아닌 것에 외로웠습니다. 그래서 나는 진정 나를 알아 줄 친구를 찾아다녔습니다. 그러나 그런 친구는 나타나지 않고 말았습니다.

그 후, 꿈도 사라진 지 오랜 시간이 지난 후, "아, 이경희 씨입니까? 나는 벌써부터 당신을 알고 있었습니다. 늘 당신의 방송 〈재치문답〉을 듣고 있었습니다." 이런 말이 나를 더 외롭게 하곤 하였습니다. 그럴 때마다 나는 마음속에서 이렇게 대답합니다. (아니 그 말은 나를 즐겁게 하여 주지 못해요. 하지만 조금은 위로됩니다.)

또 어떤 사람은 말합니다. "언젠가 당신이 쓴 글을 신문에서 읽었는데 바로 아까 잡지에서 또 당신의 글을 읽었어요. 참 일 많이 하시더군요." 나는 이 말에 순간적으로 외로움을 잊는 버릇이 생겼습니다. 그러나 나는 곧 나와의 긴 독백을 시작합니다. (그들은 듣고, 보기만 하였다고 말했지 그것이 어떠했다는 것을 말하지는 않았어……. 나는 그저 일을 하기만 하지 다른 사람에게 감명을 주지는 못하는 것인지 몰라…….)

그래서 또 외로움을 불러들입니다.

쓰기는 했건만 보낼 곳 없었던 여학교 때의 그 시의 감정은 조금도 변함없이 오늘도 먼 곳으로 향하여 흐르는 그 강에 긴 사연을 던지는 그런 과정 같기도 합니다.

P교수는 조용히 말을 끄집어냈습니다. 이제는 글을 쓸 수 없다는 것입니다. 그런데 나는 그 말을 제대로 잘 알아들을 수 없었던 것입니다. 그는 그토록 좋은 말들을 다 하였기 때문에 이제는 더 할 이야기가 없는

것일까?

　전에는 짐작할 수 없었던 그 어려운 이야기들을 요즘 금방 알아들을 수 있다는 것이 기특하게 생각됩니다.

　P교수가 이웃에 살고 계시는데 자주 찾아뵈어야겠다고 생각합니다. 그는 나보다 더 외로워하는 것처럼 보였습니다. 멋있는 남성도 늙으면 그렇게 되시는 모양이지요? 그래도 여자들보다는 나을 것을 생각했었답니다.

　그는 대화 도중에 잠깐씩 하늘을 쳐다보셨거든요. 그 모양이 외롭게 보였던 거예요.

정연희

새와 꽃의 살림살이
언니의방

숙명여고와 이화여자대학교 국어국문학과를 졸업하였다. 1957년 〈동아일보〉 신춘문예에 소설이 당선되어 문단에 등단하였다. 세계일보, 경향신문, 조선일보에서 일하였다. 이화여자대학교 평생교육원 강사, 이화문학회 회장, 주부편지 발행인, 한국여성문학인회 회장, 한국기독여성문인회 회장, 한국소설가협회 이사장, 서울문화재단 이사장을 역임하였다.
저서로는 『목마른 나무들』, 『석녀』, 『일요일의 손님들』, 『갇힌 자유』, 『꽃을 먹는 하얀 소녀』, 『늪에서 나온 사람』, 『여섯째 오후』, 『내 잔이 넘치나이다』, 『난지도』, 『한낮에 촛불을 켜고』, 『시베리아 눈물의 낙원』, 『순교자 주기철』, 『소설가 정연희의 산골 이야기』, 『순결』, 『가난의 비밀』, 『백스무 번째 죽음』 등이 있다. 김동리문학상, 한국소설가협회상, 한국문학작가상, 대한민국문학상, 윤동주문학상, 유주현문학상을 수상하였다.

새와 꽃의 살림살이

　새들이 무지개 빛깔을 뿜어내듯 지저귀고 있다. 봄볕 가득 고즈넉하던 허공이 갑자기 흔들린다. 새들은 어떻게 저리도 절기를 신묘하게 아는지 봄 하늘을 나는 새들의 지저귐은 소리가 아니라 온통 현란한 빛깔 빛깔의 넘노님이다. 햇빛은 새들의 부리에서 금빛 은빛 가루를 흩날리는 무수한 현鉉이 된다.

　분주하게 날아다니는 새들은 풀들을 일으키고 아직 눈뜨지 않은 꽃눈들을 흔들어 깨운다. 일어나라! 일어나라! 눈을 떠! 날갯짓으로 바람을 일으켜 가며 꽃을 재촉한다. 내 몸의 세포도 새소리에 이끌려 겨울 흔적을 활활 털고 있다.

　건너 마을 덕이 할아버지가 고추 모종을 키우는 비닐하우스에서 허리를 펴며 밖으로 나온다. 밭둑에 허리를 걸치더니 담배에 불을 붙여 연기를 후우 뿜어낸다. 새소리에 이끌려 나왔는가. 하늘 한번 쳐다보고 담배 한번 뿜어내는 모습이 그지없이 한가하다. 솔숲과 저수지. 그 너머 병풍처럼 둘러 이어진 산자락을 처음 만나는 사람처럼 천천히 둘러보며 피우는 담배 연기가 신선의 수염 같다.

그래…… 자연과 마주보는 일에는 안경이 필요 없지…… 먼 산. 지평선. 수평선. 은하수. 낮달. 밤하늘의 별과 달. 깊은 숲. 그런데 현대인들은 안경 없이는 못 볼 만큼 눈이 나빠지고 있다. 서너 살짜리 안경잡이(좀 상스러운 말투지만)가 점점 늘어가고 있다. '현대인은 거의 평생을 20m 이내만 보며 살아간다'고 어느 안과의사가 말했다. 아닌 게 아니라 우리가 매달려 살아가는 것들이 TV, PC, 계산기, 전자오락, 노래방 기계, 만화책 등이 아닌가. 아득한 곳, 먼 데를 바라보는 기능이 없어져 버렸는가. 모두가 무슨 조증燥症에 걸린 사람들처럼 한자리에 진득하게 앉아 있지를 못한다. 가만히 있으면 큰일 나는 줄 안다. 공간적인 시계視界뿐 아니라 시간적인 시계도 그렇게 좁고 짧아져서 그럴 것이다.

현대인들도 영원永遠을 입에 담기는 하면서도 영원을 바라보려고 하지는 않는다. 그리고 허덕거리다가 갑자기 죽는다.

*

현란한 무지개무늬의 새소리가 찰나적인 것 같지만 듣는 이의 영혼을 불러 깨우는 그 소리에는 영원의 숨결이 있다. 그것은 스쳐 가는 것이 아니고 영원을 사모하는 영혼에 각인되는 평화요 기쁨이기 때문이다.

그러나 새들은 누구에게 기쁨을 주기 위해서 노래하는 것이 아니다. 그저 새들의 삶을 그렇게 살고 있을 뿐이다. 봄을 알아 즐거워하고 햇볕이 따스하여 날개를 뻗칠 뿐이다. 스스로 무슨 선한 일을 한다고 생각하는 일도 없고 제 소리가 멋있다고 느끼는 일도 없다. 그저 있는 그대로의 생명을 생명으로 살고 있을 뿐이다.

얼마 전, 난생 처음으로 '디너 쇼'에 초대되어 간 일이 있었다. 표 값도 엄청났고 으리으리한 호텔에서 호화로운 음식을 들면서 유명한 가수의 노래를 듣는 잔치라고 했다. 표 값에는 자선사업에 쓸 돈이 들어 있어서 그렇게 비싸다고 했다. 잘 알려진 가수였을 뿐 아니라 이따금 듣게 되는 노래도 마음에 들던 가수여서 직접 공연하는 노래를 듣게 된 기회를 고맙게 여기며 자리를 잡았다. 천여 명이 넘는 사람들이 식탁을 빽빽하게 메우고 앉아 있는 것을 보며, 그 비싼 표가 이렇게 매진되었다는 것도 신기했고 그것이 가수의 지명도였을까 자신의 뜻이었을까 궁금하기도 했다. 대강 식사가 끝나면서 노래가 시작되었다. 오케스트라도 대단했고 그 유명한 가수의 무대 매너도 뛰어나서 장내는 곧 화려한 공연장이 되었다.

가수는 전신을 던져 노래했다. 박수도 나오고 앙코르를 외치는 소리도 간간이 들렸다. 그런데 한 곡 두 곡 노래가 이어지면서 조금 불편한 일이 벌어지기 시작했다. 노래를 부르는 사람이 노골적으로 화를 내기 시작한 것이다.

"왜 우리나라 사람들은 이렇게 박수에 인색하냐."

"왜 우리나라 사람들은 노래를 듣는 태도가 이렇게 미적지근하냐."

한 곡 한 곡 노래를 부르고 난 뒤면 거의 예외 없이 그렇게 불평을 했다.

노래하던 사람이 청중에게 요구를 하니까 박수 소리는 어느만큼 커졌었다. 그러나 야단맞듯 눈치 보며 치는 박수라는 것이 어떻게 번번이 가수의 마음을 흡족하게 해줄 수 있었으랴. 노래하는 사람은 또 화가 나고 또 화가 나서 한 곡이 끝날 때마다 박수 때문에 청중을 나무랐다.

노래를 부르는 당사자가 그렇게 불편해 하니까 처음에 흥이 돋우어지던 장내가 조금씩 식어가기 시작했다. 박수를 열심히 치던 사람까지 눈치가 보여서 신명을 잃을 수밖에 없었다.

그 날 다른 사람의 기분이 어떠했는지는 모르겠으나 나는 대단히 씁쓸한 여운을 안고 돌아왔다. 그 가수가 박수 때문에 그렇게 짜증을 내고 마음을 빼앗기지 않았다면 아주 훌륭한 무대공연으로 기억에 남았으련만……. 노래는 퍽 좋았다.

노래란 들려주기 위해서 시작되지 않는다. 그저 좋아서 노래를 하다 보면 노래하는 사람이 되어질 것이다. 휘황찬란한 무대가 이루어지기까지 곡절도 많고 박수갈채에 따라 가수의 기분도 좌우되기는 하겠지만 그러나 노래하는 사람은 노래 부르는 그 자리가 노래로서 전부여야 하지 않을까. 노래 부르는 것이 좋아서 시작된 노래라면 노래 부르는 그 자리가 자신의 세계의 시작이요 완성이어야 하고 스스로 그렇게 가득 차야만 하는 것이 아니겠는가.

*

'디너 쇼'를 다녀 온 얼마 후에 내 이름으로 새로운 책 한 권이 출간되었다. 두고두고 조르던 출판사에서 만든 책이니 출판사에서 광고도 하고 책도 팔아 주려니 했었는데 아무것도 이루어지는 것이 없었다. 마음이 쓰인 것은 물론 기분이 좋을 리가 없었다. 증정본을 받은 몇몇 이웃이 "받은 책을 두 번 읽었소" "책을 읽다가 눈물을 흘렸소" 하고 격려를 해주어서 조금은 위로가 되었지만 출판사에 대해서 섭섭한 마음이 가시지를 않았다.

그리고 문득 디너 쇼 무대에서 박수가 인색한 청중을 두고 짜증을 내던 가수의 얼굴이 떠올랐다. 그저 좋아하는 노래를 부를 기회가 주어졌으니 그저 좋아하면서 노래를 부르면 그것으로 좋았을 것을…… 웬 갈채를 그렇게 목말라 했을까. 씁쓸하던 그 뒷맛이 되살아나면서 그 씁쓸함은 내 내면 깊은 곳에 숨어 있던 속물근성과 딱 맞아떨어졌다.

약속대로 광고를 하지 않고 책을 잘 팔아 주지 않는 출판사를 두고 못마땅해 하고 있는 내 얼굴과, 박수가 인색하다고 청중을 나무라는 가수의 얼굴이 하나로 겹쳐졌다.

제 살림을 살아가다 어느 부분에서 흥이 솟고 그것이 절로 넘치면 글도 되고 그림도 되며 노래가 되어 나오는 것이 예술이다. 그냥 저 좋아서 하는 짓이 누군가의 마음에 들면 서로 뜻이 통하는 영혼과 영혼의 교감을 이루고, 그것이 한 사람이 되었건 두 사람이 되었건 그렇게 한 세계를 이루는 것이 예술의 세계일 것이다. 예술가藝術家라고 불러 일가一家를 이룬 사람을 따로 쳐주기는 하지만 그 일가를 이루었다고 인정을 해주는 것이 창작 행위에 무슨 도움이 되겠는가.

내가 쓰고 싶은 이야기가 있어서 쓰기 시작하고, 내 마음에 좋게 여겨져 그렇게 썼으면, 그리고 글을 쓰던 동안이 즐겁고 좋았으면 그것이 그저 내 살림이 되는 것이 아닌가. 살림 살던 동안 넘치는 부분이 있어 그

것이 절로 넘친 흥이 되었다면 그것은 저 자신의 삶의 흥이요 고마운 덤일 뿐이다. 남들이 누리지 못하는 세계를 살 수 있었던 행복인 것이다.

예술은 갈채喝采나 열광熱狂이나 찬사讚辭 속에서 자라는 것이 아니다. 타고난 생명을 충실하게 살아가는 동안에 자연스럽게 익는 열매일 뿐이다.

*

꺾꽂이를 한 울타리의 개나리가 십여 년이 되니 감당을 할 수 없을 만큼 큰 둥지를 이루고 어우러져 피었다. 소나무밭 그늘을 가득 메운 진달래도 걷잡을 수 없을 만큼 흐드러졌다. 힘차게 뻗어나는 개나리 줄기가 다른 나무를 뒤덮어 버려서 꽃이 한 차례 피고 나면 가지치기를 과감하게 하지만, 봄이 되면 천지를 가득 노란빛으로 물들이며 피어나고는 한다. 집 둘레의 개나리, 진달래, 벚꽃이 한꺼번에 가슴을 흔들어 놓는 계절이 왔다.

꽃이 아까워서 꽃을 두고 나들이를 하기가 미안한 계절이 봄철이다. 며칠 집을 비웠다가 돌아올 때면 못 보던 동안 꽃의 나이가 들어 버린 것이 아깝기 그지없어 밤이 깊도록 꽃 앞에서 서성거리게 마련이다.

그러나 꽃은 저 혼자 피고 저 혼자 시든다. 그냥 저의 삶을 살고 있을 뿐이다. 누구의 열광과 찬사와 갈채를 필요로 하지 않는다. 그저 저의 때를 따라 제 삶을 살 뿐이다. 새는 저의 지저귐이 듣는 이의 마음을 뒤흔든다는 것을 모른다. 꽃은 저의 자태가 아름답다는 것을 알 리가 없다. 누구에게 들려줄 일이 없는 새소리는 그래서 영원과 이어지고, 누구의 눈에 띄기를 바라는 일이 없는 꽃은 그래서 황홀하다. 비록 열흘 붉은 꽃이 없다 하나, 꽃의 아름다움은 보는 이의 마음을 하늘나라로 이끌고 간다.

언니의 방

'어머니'라는 말이 영혼의 고향 같은 이름이라면 '언니'라는 이름은 그 고향의 풋내 같은 울림으로 남는다.

내게는 여섯 살 터울의 언니가 있다. 그 중간에 사내아이가 어릴 때 세상을 떠나서, 여섯 살이나 터울이 지는 언니는 만만하게 티격태격하면서 자라던 사이가 아니었다. 언니는 미인이고 멋쟁이였다. 손재주가 남다르고, 뛰어난 감성으로 글도 잘 썼고 노래도 잘했던 언니는 공부를 대단찮게 여겨서, 대학생 대신에 한국은행 행원이 되었다. 해방 직후였고 여성의 전문직이 별로 두드러지지 않았던 시절이어서 언니의 은행 시절은 화려했다.

언니의 월급날은 언니의 얼굴을 더욱 함박꽃처럼 피워 올렸다. '맏딸은 살림장만'이라는 옛날 말 그대로 언니는 어머니의 친구이자 의논 상대였다. 씀씀이가 시원시원한 언니는 맛이 있는 생과자를 사오기도 했고 내 여름 교복을 맞추어 주기도 했다. 집안에서 언니는 어른이었다.

여섯 남매가 오글거리던 가운데서도 언니만은 독방을 썼다. 한옥의 건넌방이니 자물쇠 같은 것을 채우지는 않았지만 언니의 방은 우리들이 마음대로 드나들 수 없는 금기禁忌의 영역이었다. 그런데 나는 늘 그 방이 궁금했다. 그 방에 있는 것은 무엇이나 신기했다. 언니의 외출복, 가방, 구두, 예쁜 중국 자수로 수놓은 지갑, 손수건, 만년필…… 그 중에 내가 자주 훔쳐서 꺼내 보던 것은 꽃보다 더 아름다운 글씨로 갖가지 시詩가 적혀 있는 노트였다. 그림 재주도 빼어난 언니는 그 공책에다가 알락달락한 색연필로 그림까지 그려 넣었다. 시화詩畵였다. 일본 글씨도 예뻤고 한글도 아름다웠다. 소설을 읽느라고 때때로 밤을 새우는 언니를 따라, 어린아이에게는 가당찮은 소설을 남독한 것도 그 무렵이었다.

언니에게는 청혼을 하는 청년들이 곧 많았다. '저 중에 누가 내 형부가 되려는가……' 내 나름으로 사람을 꼼꼼하게 뜯어보았던 일을 누구도 눈치 채지 못했으리라.

그러한 언니의 청춘에 전쟁은 철퇴처럼 떨어졌다.

*

언니는 시부모님한테 지독한 구박을 받으며 시집살이를 했다. 같은 서울사람으로 아들 형제에 딸 하나뿐인 언니의 시댁은 살기도 곤궁하지 않았고 막된 사람들도 아니었는데, 무슨 살이 끼었는지 맏이인 형부는 부모님, 특히 할아버지께 학대라고 이름할 만큼 배척을 받았고 따라서 언니의 결혼 생활은 평탄할 수가 없었다. 해방 후 처음으로 만들어진 우리나라 교향악단에서 클라리넷 파트를 맡았었던 형부는 수단手段이라는 것이 무엇인지 모르는 숫된 사람이었다. 그렇게 살면서 언니는 딸 셋, 아들 하나를 낳아 허둥지둥 숨차게, 굽이굽이 한숨과 눈물과 끝이 보이지 않는 신산辛酸을 겪으며 살았다.

이곳으로 내려온 것은 맏이와 둘째 딸을 시집보낸 뒤였다. 선택의 여지가 없어서였지만, 깔끔하고 깐깐한 도시형都市型의 형부는 아예 자신 없어 했지만 달리 방법이 없어서 끌려오다시피 했다. 농사라는 것은 상상도 해본 일이 없는 내외였다.

논 십여 마지기, 밭이 3천여 평, 땅이 무엇인지 흙이 어떤 것인지를 도무지 가량도 해본 일이 없던 사람들의 낙향이었다. 막다른 길이어서 오기는 했지만 과연 얼마를 견딜 수 있을까 막연하기만 했는데, 뜻밖의 일이 언니를 밭고랑에 주저앉게 만들었다. 위로 딸 둘, 세 번째로 얻은 아들이 군軍에서 제대를 할 무렵이었는데 상상 밖의 사고를 저질렀다. 재판이 오래 걸렸다. 제대만 하면 옆에 두고 보려니 했던 아들이 3년을 집에 돌아올 수 없는 몸이 되고 말았다.

언니는 밭고랑에서 하늘 쳐다보고 한숨, 땅을 긁으면서 눈물, 흙하고 지내면서 홀로 울며 살았다. 금식禁食을 밥먹듯이 하며 눈물로 밭머리를 적시고, 해가 져서 밤이슬이 내릴 때까지 땅에서 살았다.

그때, 농사가 없었다면 어떻게 했을까. 그때, 땅이 없었다면 어떻게 견뎌냈을까. 푸릇푸릇 자라는 푸성귀 잎사귀에 눈물방울을 이슬처럼 떨구면서 언니는 흙을 배우고 땅을 배워 갔다. 그 아들이 지금은 걸음걸음마다 기적을 연출하는 순수무구한 목회牧會를 하고 있다.

　농사 16년, 이제 형부는 70을 넘겼고 언니도 60을 중반이나 넘긴 나이가 되었다. 지난해 겨울, 형부는 "이제 농사는 안 되겠어. 힘이 달리는데……" 하며 자신 없어 했다. 그래 놓고 금년 봄에 다시 관리기(밭가는 기계)를 내어 손질하여 밭을 갈고 논에다가 모판을 만들었다. 아무리 농기계가 발달했다 하여도 열 번 스무 번 손이 가는 농사는 역시 젊은이들의 몫이어야 했다. 그들은 요즘 시세로 수지收支를 따진다면 땀 흘리고 힘들인 것의 몇 십분의 일도 거두지 못하는 재래식 농사에 매달려서 20여 년 가깝게 살아온 것이다. 이 산골짜기 농사에 언니는 주역이고 나는 건달이다.

*

　해질녘이 되었건만 밭으로 간 언니가 돌아올 기미가 없어 주춤주춤 찾아 나섰다. 하우스를 열어보니 모종을 낸 고추며 피망, 오이들이 곰실곰실 자라고 한낮의 열기가 후끈하게 고여 있을 뿐 사람이 보이질 않는다. 둘레둘레 둘러보니 묵밭(묵은 밭) 모서리에 언니의 모자가 보인다. 가만가만 다가가 무얼 하는가 보니 쑥대 그늘에서 자라고 있는 고들빼기를 캐고 있었다. 넓은 차양 속의 얼굴 아랫부분이 아직도 뽀얗다. 그러나 그 얼굴은 무념무상無念無想, 무심하기 이를 바 없어 보인다. 이제는 안타깝게 그리울 것도 없고, 애틋하게 서러울 것도 없고, 애탄개탄 긁어모을 일도 없어라. 근심도 걱정도 내 뜻대로 좌지우지할 바 아니라는 것도 터득한 지 오래다. 그저 아직도 새싹을 밀어내지 못한 묵밭의 마른 풀 더미에 퍼질러 앉아서 무심한 손길로 나물을 캐고 있는 것이다. 내가 다가간 기척을 알았는지 얼굴을 들더니 빙긋이 웃는다.

"세상에, 요 너머 동네에 다세대 주택이 들어서면서, 해마다 나물꾼들이 우리 논둑을 짓밟아서 논둑 쳐올리는 데 돈이 들게 하더니, 이렇게 씀바귀며 고들빼기가 나를 기다리고 있었어. 보아라, 얼마나 소담한지…… 그래도 이렇게 우리 몫이 남아 있으니 고마울 뿐이지……."

해묵었을 씀바귀의 굵직굵직한 뿌리가 소쿠리에 제법 그들먹했다.

"그것 보우, 언니가 남들이 캐 가는 나물이 아깝다고 먼저 거두어들였으면 이런 것을 만날 수가 없었겠지. 그저 남들한테 후하다 보면 내 몫은 따로 있는 법이잖우?"

언니 앞에 퍼져 앉아 이런 얘기 저런 얘기를 밑도 끝도 없이 두런두런 하다 보니 해가 뉘엿해졌다.

"아랫집 장독대에 돌나물하고 두릅이 아직 쓸 만할걸? 마저 따다가 무쳐 먹자."

우리는 나물바구니를 들고 절레절레 아랫집 장독대로 가서 돌나물을 뜯었다. 언니는 나물을 추리면서 한숨을 쉬었다. 나는 그 한숨이 무슨 뜻인지를 금방 알아차린다. 토론토에 가서 산 지 25년이 된 여동생과, 뉴욕으로 살러 가서 20년이 되는 막내 남동생을 생각하는 한숨이다. 여동생은 씀바귀나물과 취나물을 좋아했고 막내는 두릅과 냉잇국을 좋아했다. 냉이철, 두릅철이 되면 어머니를 일찍 여의고 먼 나라로 이민 가서 사는 동생들의 삭막한 생활이 언니의 가슴을 에이는 듯 아프게 하는 모양이다.

"자식들 교육 때문에 간다면서 아이들 학교만 끝나면 다 저 살길 찾아가라 하고 저들은 돌아오겠다더니, 강산이 두 번 변하고 다시 한 바퀴가 돌아가도록 오지 못하고 있으니, 나물 맛도 잊어버렸겠다……."

바빠! 바빠! 낯설고 물설은 데서 아이들 공부시키랴 입에 풀칠하랴 허겁지겁 하다 보니 어느덧 아이들 짝지어 줄 일이 턱을 치받고, 이것 때우고 저것 채우다 보니 머리에 서리 내리고, 서양 사람들 사이에서 살아남으려니 고향조차 마음대로 들고나지 못하는 처지가 된 것을 두고 언니는 한스러워하는 것이다.

뼈 빠지는 노동력에 비하여 한심스러울 정도의 수익을 따진다면 논농사나 밭농사에 애당초 손을 댈 수가 없는 것이 재래식 농사지만, 언니는 가난한 아들네 교회에 헌금도 해야 하고, 무엇보다도 손주들에게 농약 치지 않은 야채며 곡물을 먹이려는 생각 때문에 농사를 놓지 못하는 것이다.

농사꾼이 되기 전에도 언니의 장기長技 중에 특별한 것은 음식 솜씨였다. 언니가 무치는 나물 맛은 정말 희한하다. 어디서도 그런 나물 맛을 볼 수가 없다. 언니는 나물을 캐서 아들네며 딸네들한테 나누어 주려고 그렇게 직수그리고 나물을 캔다.

우물가에 앉아서 돌나물을 다듬고 씀바귀의 잔뿌리를 털어내며 우리는 어렸을 때 이야기를 주섬주섬 엮었다. 한보사태가 어떻고 청문회가 어떻게 돌아가건 우리 자매는 오늘 나물을 뜯고 나물을 다듬는다. 북한과의 핵 회담이 어떻게 돌아가건 사자회담四者會談이 무슨 색깔을 띠우건, 북한이 장거리 미사일 노동 1호 몇 기를 설치했건. 그래서 우리는 스피노자가 아니라도 오늘 밭에다가 거름을 주고 김을 매며 푸성귀를 가꾼다.

　장밋빛으로 등성이를 물들이며 해는 넘어가고 저수지의 두루미는 하룻밤 쉴 자리를 찾는지 그 시원한 날개로 기슭을 훑는다.

　이제 언니의 방에는 꽃 같은 글씨의 시화詩畵 노트 대신에 손때가 묻은 성경책과 성경 필사본筆寫本을 위한 노트가 있고, 찬송과 기도가 있을 뿐이다.

　누가 말했던가. 평강平康은 대가가 아니라 선물이라고. 그러나 이 선물을 받기까지 언니는 고통과 고뇌의 터널 같은 어둠의 방을 50여 년이나 지켜 왔다. 언니의 방, 새로운 의미의 신비스러움으로 가득 찬 방, 갈퀴가 다 된 험한 손을 모으고 무릎을 꿇는 방에는 그 분과 함께 누리는 평화가 있을 뿐이다.

최문희

틈새바람
돌담길, 그리고 담쟁이넝쿨

본명은 최경림. 경남 산청에서 태어나 숙명여고와 서울대학교 지리교육과를 졸업했다. 1995년 〈작가세계〉 장편소설 공모에서 『율리시즈의 초상』이 당선되었으며, 같은 해에 〈국민일보〉 장편공모에서 『서로가 침묵할 때』가 당선되었다. 소설집으로 『크리털 속의 도요새』, 『백년보다 긴 하루』, 『나비 눈물』(문예진흥원 추천도서 선정)이 있다.

틈새 바람

계절의 어간은 늘 어수선하다. 9월과 10월 사이, 2월과 3월 사이가 그러하다. 그 어수선한 길목에서 멈칫거리는 사람들이 있다. 지난 여름, 지난 겨울에 다하지 못한, 흡족하게 이루지 못한 것들이 흘러가는 계절의 길목을 잡고 징징 댄다. 그러면서도 그 절기의 한가운데는 무언가를 서둘며 바쁘게 굴러가는 듯했지만, 손안에 남는 것은 아무것도 없다.

나는 매달 시작되는 첫날과 한 달의 중간쯤에 이르면 두툼한 일기장을 연다. 매일 조금씩 끼적대지만 내가 일기라고 이름 붙인 날의 끼적거림치고는 조금 길고, 조금은 장황하며 조금은 긴 사슬들이다. 반성 비슷한 넋두리가 분명할 것이다.

낮에 누군가를 만나서 무슨 이야기를 나누었고, 무슨 말에 비위가 상했으며, 내가 무어라고 주절거린 말이 상대에게 상처를 주었는가에 대한 곱씹음이리라. 왜 그런 말을 했을까, 그러지 말았어야지, 다음에 만나면 사과해야지, 늘 자책하거나 뉘우치면서도 그런 우를 거듭하는 경우는 허다하다.

자기 자신에게 까칠하고 가혹할 필요가 있지 않을까, 타인에게는 대범하고, 순하게 배려하는 마음이 앞서야 하는데, 알면서도 너무 가깝기 때문에, 관계의 안전거리를 넘어서는 행동을 자신도 모르는 사이에 저지르게 된다.

며칠 전 숙명 동창, 일주일에 한번 만나는 친구 셋이서 늘 같은 공간 같은 시간에 어우러졌다. 내가 가장 아끼고 소중하게 가슴으로 보듬는 친구들이다. 할 이야기가 없어도, 특별한 용건이 없어도 만난다는 자체로 즐겁고 편안하고 뿌듯하다. 일주일의 하루, 168시간 가운데 친구와 함께한 그 4시간이 나의 가시 돋친 감성을 다독여 주는 시간의 막간이 되었다.

늘 내안에 갇혀 복대기 치는 미흡하고 불안하고 이기적 자아에 대한 근거 없는 비호와 구차한 변명을 반추하면서도 한편 내 이웃들도 나와 비슷한 외로움과 나약함을 지녔을 거라는 감정의 비약을 되작이게 되는 것도 친구들과의 만남에서 건져 올린 자각지심인지도 모른다.

세 친구 중 어느 한 명이 불참할 경우, 나는 무언지 모를 허기증으로 혼자서 극장을 뒤적이며 돌아다니게 된다.

가족이나 이웃들, 오다가다 스쳐간 벗들도 심심찮게 있지만 60년을 넘어서는 친구는 없는 것 같다. 물론 아이들을 키우고 각자가 바쁜 나날을 보낼 당시에는 한 달에 한 번 정도로 만났다. 우리가 일주일 한번으로 딱 정해 놓고 만나기 시작한 것은 십여 년을 넘어섰다.

지난 목요일 모임에서 그만 또 말실수를 하고 말았다.
활짝 웃는 얼굴에 홈이 파인 듯 칼 주름살이 곤두서는 친구에게 무심코 한마디를 지질렀다. 너무 크게 웃지 마. 내 딴에는 우정 어린 말이었을 것이다. 왜? 웃고 살아야지, 말하는 친구의 눈빛이 조금 가느스름해졌다. 칼로 저민 것 같은 빗금무늬가 온 얼굴에 그어져 있었다. 시간의 흔적이겠거니, 여기면서도 연민 한 자락이 가슴을 긋고 지나갔다. 세상 뜨는 날까지 늙지 않을 것처럼 당당하고 씩씩하던 친구의 삭은 얼굴에 아로새겨진 시간 무늬는 너무나 극명했다.
친구는 지난해 마음병을 앓았다. 화장도 하지 않고, 화장은커녕 선크림조차 덧칠하는 것 같다며 친구는 질색했다. 햇볕에 그을린 피부가 삼베처럼 올올이 금이 갔다. 웃으니까, 너무 활짝 웃으면……, 곁에 다른 친구가 눈짓을 했다. 그런데도 조금은 심통스럽고 둔한 나는 그만 또 주절거렸다.
살짝 눈으로만 웃어, 정말 어느새 주름살 친구의 얼굴에 노염이 서렸다.
지나친 솔직함이 얼마나 치명적인 지적인가를 그때 나는 비로소 깨달았다. 나는 얼른 사과했다.
미안해, 하지만 선크림 정도는 발라야지. 햇볕이 나이를 더 먹게 하는 거래. 나는 말실수를 얼버무리면서 거듭 사과했다.

제법 묵직한 침묵으로 어르던 그 친구가 입을 열었다.

자연스럽게, 나는 순응하는 자세로 살고 싶어. 얼굴에 덕지덕지 쳐 바르고 다니는 몰골이라니, 요즘 우리나라 여성들 모두가 19세기 마타 하리처럼 분장하고 다니잖아. 꼴불견이야. 젊은 애들은 허벅지 시위라도 하듯, 아래위로 살덩어리를 내놓고 다니질 않나. 성범죄의 빌미를 제공하는 거잖아. 성의 상품화로 전락한 작태도 한심스럽고, 너무 원색적이야. 너만 해도 그 나이에 무슨 화장이야? 순하게 하고 다녀.

내가 한 방 먹은 꼴이 되었다. 곁다리로 앉아 있던 친구도, 무어라고 한마디 거들었지만 주름살 친구의 역성을 거드는 건지, 내 역성을 거드는 건지 귀담아 듣질 못했다.

그 친구 말이 틀린 건 아니었다.

이른 아침 티브이에 출연하는 주부들이나, 백화점 커피숍에서 무리지어 담소를 나누는 주부들의 화장발이 조금은 짙고, 두터운 건 옳은 지적인지도 모른다. 더구나 요즘 젊은 여성들의 지나친 노출에 대한 친구의 퉁명스런 성범죄에 대한 노파심이나, 성의 상품화 운운한 것도 틀린 말은 아니다. 그러나 그런 경향은 우리나라 여성들에게만 국한된 것은 아니라는 생각이 든다. 세계적인 추세이기도 하고, 하나의 굵은 획처럼 한 시대를 긋고 지나가는 흐름인지도 모른다. 외모 제일주의가 만들어낸 어설프고 비릿한 풍경들이 아닐까싶다.

언젠가부터 사람의 됨됨이가 물질적인 가치를 뛰어넘으며 소비와 상품화로 전락하기 시작했다. 자신의 외적 조건을 빼어나게 다듬거나 치장하지 않으면 금방 도태되고 소외될 것 같은 불안이 요즘 여성들의 의식을 지배하는지도 모른다. 젊은 여자나 나이든 여자나 외모에 대한 관심의 척도가 가정경제의 마지노선을 웃돌고 있다는 기사도 읽은 적이 있다. 심지어 어린 십대 여학생이 용돈과 명품, 성형외과에 가기 위해 아직 솜털이 보송보송한 그 여린 몸을 함부로 굴린다는 기사도 읽었다. 코를 높이고, 쌍꺼풀 정도 손보는 거야 그렇다고 해도 턱뼈를 깎아낸다는 이야기는 너무 위험하고 엽기적이다.

  남성들의 경우도 별로 다르지 않는 모양이다. 신장이 평균 이하인 한 남성이 결혼상담소에 신상명세서를 제출했더니 실격이라는 판정, 그 이유라는 것이 참 어이없다. 신장이 평균 미달이라, 사절한다는 통보라고 들었다.

  매년 몰아치는 대기업의 입사면접에서도 이런 양상은 면면이 드러나고 있다. 인상학이나 이미지 창출을 위한 많은 정보들이 내면의 무게감을 앞질러, 이 사회 전면을 압도하는 추세로 강조되고 있음은 별로 유쾌한 일로 다가오지는 않는다. 그 친구가 직면한, 모든 여성의 탤런트화에 대한 시비가 결코 무리한 발언이 아님을 나는 고개를 끄덕이는 것으로 동조했다.

  누구나 다 아름다워지고 싶은 욕심이 왜 없을까. 그러나 어떤 경우든 자신에게 알맞은 정도, 분수에 알맞은 가치를 지니면 크게 실패할 확률은 없지 않을까.

  이런 흐드러진 세태를 바라보면서 내 연륜이 느끼는 노파심은 신성불가침으로 알았던 가정이라는 울타리가 대책 없이 오염된 건 아닌지, 하는 염려다. 지금 이 순간에도 넘치고 넘치는 성범죄는, 저지르는 사람만의 죄가 아니라는 생각이다. 원인 제공을 하는 피해자에게도 책임의 일말은 감당해야 하지 않을까.

우리 기성세대가, 너무 늙고 진부하고 냄새 나는 연륜이라고 미움받이를 하당하면서도 가정이라는 절대 가치와 그 존엄성에 따르는 마음자세는 끝까지 수호해야 하고 젊은이들에게 미미하나마 심어 줘야 하지 않을까.

어쩌면 세기말적인 이런 풍조는 제2차 세계대전 이후 60여 년 동안 지구상의 인류가 누렸던, 너무 방만하고 극단적 감각제국이 만들어낸 표피적 향유가 아닌지 모른다. 역사의 결을 뒤적거리면 신라의 멸망이나 로마제국의 멸망도, 천년이라는 장구한 흐름을 뒷자락에 깔고 있지만, 멸망에 일조한 그들의 문화적 타락이나 더 이상 지탱할 수 없었던 사회적 분위기가 그런 결과를 가져오게 하지 않았는가의 의구심을 지울 수 없다. 이제 가정이라는 절대가치나 사회를 엉구는 도덕률, 결혼상대를 위한 은유적 정절마저도 젊은 세대들은 희석하고 성토한다. 너무 구태의연하고 진부한 말만 쏟아낸다고 친구들은 웃는다.

이런 상황은 정서적 빈곤에서 오는 허접스러움이 아닌지 모르겠다.

곁가지 이야기가 되겠지만, 타인의 시선에 자아가 어떻게 비쳐지고 어떻게 평가되는가에 따라 행복의 잣대가 요동치는 건 아닌지 모르겠다. 다른 사람이 인식하는 나와 실제의 나의 정서는 다를 수 있다. 나의 진실된 모습은 겹겹의 치장으로 여민 채 보이기 위한 모양새 만으로 나의 진가가 평가되고 회자되는 경우도 허다하리라. 아니 그것이 전부일 수도 있다.

　있는 그대로의 나, 친구들 앞에서 나의 바닥을 까발려 보이면서 쿡쿡대다가도, 이건 좀 너무 하잖아, 아무리 무람한 사이에서도 비밀 한 자락쯤은 숨겨야 하지 않을까? 그런데도 그런 귀여운 내숭이나 신중함이 나에게 결핍되어 있는 것 같다.

　집에서의 나는 무방비한 상태다.

　가족들은 가끔 일깨워 준다. 외부지향적인 생활태도라고. 집에서는 잠옷이나 한 계절에 한 가지 옷만 입는다고, 세수는커녕 온종일 부스스한 몰골로 다니는 나를 향한 매운 회초리인데도 나는 별로 개의치 않는 성격이다. 집안에서조차 긴장해서 살아야 한다면 신경줄이 끊어지고 말지 않을까. 이런 게 나의 참 모습이라고 변명인지, 무언지 모를 말을 주절거리면 식구들은 검지를 세워 나의 긴 사설을 가로막는다. '참 모습'이라는 것이 타인에게는 불편하고 부담스러울 때도 있는 법이라고. 넌지시 이른다. 한마디로 별로 흉하다는 지적일 것이다. 요즘 들어, 자신의 늙음을 깨닫기 시작하면서부터 많이 달라졌다. 나달거리는 잠옷이나 버리기 아까워 챙겨둔 남성용 러닝을 걸치지 않기, 세수하고 머리 빗고 아침 식탁에 앉기, 물색 옷도 몇 벌 장만했으니까 대단한 변신이다.

　짚고 넘어가고 싶은 것이 있다. 그 친구의 이유 있는 항변이나 나의 지나친 솔직함은 이 시대가 기피하는 '불필요한 모서리'라는 생각이다. 보고도 못 본 체, 듣고도 흘려 버릴 줄 아는 지혜로움, 상대의 깊숙이 들여다보려는 지나친 호기심이나 관심은 오히려 관계의 밀도를 떨어뜨리며 급기야는 등 돌리게 되는 계기가 될 수도 있다는 교훈이었다. 서로의 영역에 대한 신성불가침적인 긍정이야말로 진실된 우정이 아닐까 싶다. 친구의 경우만 그런 건 아니지 싶다. 같이 늙어가는 남편이나 딴 살림난 자식들과의 관계에서도 존중감이라는 막간을 마련하는 것이 서로를 지키는 첫걸음이 아닐까. 세상을 바라보는 위치나 눈금, 해석에 따라 행불행이 결정될 수 있다는 것도 뒤늦게 알게 되었다.

나는 요즘 누군가와 자리를 함께할 경우, 말을 최소화한다. 너무 친하기 때문에, 허물없는 사이이기에, 무심하게 뱉은 말이 가시가 되어 상대를 찌르기 십상이다. 아무리 친밀한 사이라 해도 그 관계를 지속적으로 유지하기 위해서는 적당한 안전거리가 있어야 한다는 진리도 뒤늦게 깨달았다.

남에게 상처 안 주기, 상처 안 받기, 솔직함보다는 느슨하고 완곡하게, 결코 진실을 곧이곧대로 뱉어내는 직설법은 안 된다는 결론에 이르렀다. 현상 유지라는 생의 최단거리에 길들여지는 것도 지혜로운 방법일 것 같다.

사람과의 관계를 유지하고 그런 토대 위에서, 생을 영위하는 데 필수적인 미덕이라면, 소통을 위한 자신 낮추기, 귀담아 들어주기, 상대의 심상에 칼질 안하기, 고개 끄덕이기, 상대와 세상에 맞추기, 세상 그대로를 바라보는 자세야말로, 가장 바람직한 잣대라는 생각이다. 이런 생각도 나이 들면서부터였을 것이다. 젊은 날, 근거 없는 자기 비대증에 걸려, 세상과 상대를 데면데면하게 대하던 어설픔이나 부정적 자세도 많이 느슨해졌다는 깨달음에 비실비실 웃음이 깨물리기도 한다. 그래서 사람은 죽는 날까지 성장이라는 길목에서 멈칫거리고 있는지도 모른다.

계절의 어간 9월, 길목에 서있는 사람들 모두 짐짓 되돌아보면서 중얼거린다. 저만치, 멀지 않아 다가올 생의 뒷문을 향해 초속 400킬로미터로 돌진하는 지금이라는 절대의 시공을 소중하게 갈무리하고 싶다고. 오늘 하루, 바로 이 순간을 생의 최고의 것으로 짜깁기하기 위한 나름대로의 소신이라고 할까.

중추절이 끼어 있는 9월은 추수와 겨울을 준비하는 계절의 막간이며, 질펀하게 늘어졌던 여름날의 열정과 나른함을 일시에 수축시켜 주는 바람의 사각지대이기도 하다. 아침저녁의 한기를 몰고 오는 기온 차와 한낮의 따가운 햇볕의 교차는 9월, 틈새 바람이 만들어내는 속삭임기도 하니까. 그래서 9월에 하는 말의 의미는 늘 우리 가슴에 물그림자처럼 어린다.

돌담길,
그리고 담쟁이 넝쿨

가장 잘하는 일이 무엇이냐고 누군가 묻는다면 나는 걷기라고 말한다. 줄곧 걸었다. 걷는 것만큼은 자신 있다. 내 식으로, 나의 보폭으로, 느리지도 빠르지도 않게, 고개를 약간 숙인 자세로 길바닥에 눈길을 고정시킨 채 걷는다.

돈암동에서 가회동까지 재동초등학교, 3년을, 중학동에 있던 숙명여자중학교에 입학해서 졸업할 때까지 마냥 걸어 다녔다.

원남동까지는 지상 전차가 다녔다. 원남동에서 돈화문을 지나 지금의 안국역인 헌법재판소 건너편에 위치한 재동초등학교까지 어떤 교통수단도 없었다. 전차에 매달려 원남동까지 왔다고 해도 걷기는 마찬가지였다. 그래서 처음부터 걷기로 작심했을 것이다.

시골에서 올라온 그해 봄, 재동초등학교에 전학하기 위해 아버지를 따라 걸었던 창경궁 돌담길, 아버지가 말씀하셨다. 돈암초등학교도 좋은 학교지만, 네가 좋은 중학교 —아버지가 말씀하신 좋은 중학교는 숙명여자중학교 말고는 없었다.— 숙명여중에 가기 위해서는 재동초등학교에 가야 한다. 조금 멀지만 걸어 다녀야 할게다. 아버님의 소망대로 숙명여중에 합격되던 날, 그 시절 귀했던 쌍 초를 켜놓고 시루떡을 자르시던 어머니, 지켜보고 서 계시던 아버지의 환한 얼굴을 지금도 잊지 못한다. 두 살 위의 언니도 숙명여중에 다니고 있었기에, 우리 집은 '숙명자매'로 동네에 알려졌다. 왜 그토록 숙명이 아버지의 뇌리를 장악하고 있었는지에 대한 궁금증은 끝내 풀리지 않았다. 다만 지나가는 말로 어머니가 너희 아버지 좋아하는 여성이 숙명에 다닌 모양이지. 자주색 치마에 흰 저고리 입고 두 갈래로 머리 땋아 내린 아가씨를 연모했는지 모르겠구나. 조금은 비아냥기 섞인 어조였지만, 노여움이 깃든 얼굴은 아니었다.

나는 불효하고 막 돼먹은 딸이었다. 하라는 공부 대신 소설책이나 책가방에 넣어 다니던 그 알량한 실력으로 학업을 마칠 수 있었던 것은 아버지가 하시던 말씀, 좋은 학교가 더 좋은 배움이 있어서가 아니라, 순하고 맑고, 뭐라고 해야 하나? 그 곳에서 만들어내는 공기가 유순하다는 말이지. 네가 명심할 것은 공부를 잘하고 못하고의 문제에 앞서, 착하고 순한 성정으로, 좋은 공기(분위기) 속에서 올곧게 자라야 한다는 거다. 올곧게요? 계집아이가 물었을 것이다. 나보다 남을 먼저 생각하고, 남의 기분을 상하게 하지 말고, 나보다 공부 잘하고 예쁜 급우를 시샘하지 말고, 나보다 못한 친구에게는 마을 쏟아 주고 등등 모두 내 머릿속에 입력이 안 될 정도의 많은 잔소리 끝에는 늘 덧붙이는 한마디.

내가 ○○고등학교에 다닐 무렵, 내 기억 속의 숙명학교는 최고의 지성, 최고의 여성, 현모양처의 산실이라 믿어 의심치 않았다. "밝고, 따숩고, 씩씩하게"라는 너희 학교 교훈을 가슴에 새기고 산다면 반드시 순하고 착실한 인생을 살 수 있을 거라는 아버지의 확신에 찬 말씀이 아직도 귓가에 쟁쟁하다.

*

숙명중학에 입학하기까지 요란한 에피소드가 있다. 재동초등학교 6학년, 입학 원서를 쓸 무렵이었다. 담임 선생님께서 넌 이화여중에 가는 게 좋겠다고 하셨다. 나는 조금 화가 났다. 그 당시 이화여중은 대단히 진취적이고 활동적인 이미지로 다가왔는데, 나 같은 숫보기에게는 감당이 잘 안될 것 같았다.

집에 돌아가 부모님께 선생님의 말씀을 그대로 전했다. 막 저녁 밥상을 받아든 아버지는 끝내 수저를 들지 않고, 밥상을 물리셨다. 이튿날 어머니가 학교로 달려왔다. 내가 공부하는 교실 복도에 지키고 서 있던 어머니는 기어이 담임 선생님에게 폭탄선언을 하셨다.

우리 아이를 ○○학교에 가라고요? 어림 없습니다. 우리 애는 무슨 일이 있어도 숙명에 가야 합니다. 저희 고모님이 숙명에 입학만 해 놓고 일본으로 가는 바람에, 숙명에 목을 걸고 있고, 또 우리 집 큰 딸애가 지금 숙명에 다니고 있는 데, 이화가 무슨 날벼락이냐고, 너무나 당당하게, 너무나 자신감 넘치게 소리를 지르셨다. 영남식의 그 투박한 어머니의 언사가 나는 정말 창피하고 부끄러웠다. 선생님 얼굴을 바라볼 수가 없었다. 결국 부모님들 소원대로 숙명에 지원서를 써 주었지만 그 날 오후, 나는 화장실에 들어가서 종례가 끝날 때까지 나오지 못했다.

숙명중학교 입학한 뒤에도 아침저녁으로 걸어 다녔다. 그 긴 창경궁 돌담길을 걸어 다니면서 어쩌면 미래의 작가를 꿈꾼 게 아닌지 모르겠다. 봄이면 어우러진 벚꽃 가지가 담을 넘어와 길게 팔을 휘둘러 꽃비를 뿌렸다. 가다가 멈추어 선 계집아이는 머리카락에 나붓이 내려앉은 벚꽃 화판을 손바닥에 올려놓고는 우두커니 서 있곤 했다. 왜 봄이면 꽃이 피고, 가을이 되면 낙엽이 지는지를, 어린 계집아이는 고개를 갸웃대며 골똘하게 생각했다. 학생 고모, 보수적인 유교 집안의 문턱을 넘어, 공부하겠노라며, 책가방 하나 달랑 들고 일본으로 도주한 그 분의 말이 생각났다. 세상에 온전한 건 없단다. 사람의 거죽이 나이 들면 늙어가듯, 사람 사는 세상의 모든 것들, 만져지는 것이나 만져지지 않는 것이나 죄다 변하고, 죄다 허물리고, 모조리 본디의 형태를 유지하는 건 없어. 자연의 일부도 계절에 따라 변하잖아. 하지만 자연이 위대한 건 어떤 혹독한 상처를 받아도 원상으로 회복된다는 거야. 내가 할머니 할아버지 가슴에 대못을 박으면서 공부하려는 건, 거스르는 게 아니라, 사람의 딸이 되기 위한 최소한도의 버팀김이라고 생각해. 그게 무슨 말이냐고, 계집아이는 물었을 것이다. 학생 고모가 나직하게 읊었다. 버틴다, 견딘다, 지탱한다는 건, 자기 자신을 다듬고, 키우고, 곱게 길들인다는 뜻이지. 아직 넌 몰라, 너무 어려서. 그리고 덧붙였다. 공부해서 무엇이 되겠다는 욕심은 없어. 그냥, 자연이고 싶어. 자연의 일부분으로 순하게 흐르면서 태어난 생명으로서의 보답을 하려는 거야. 그게 무엇인지 구체적으로는 모르겠어. 다만, 그늘에 살고 있는 우리네 사람들에게 무언지 모르지만 보탬이 되는 인간으로 살기 위해서야. 그렇게 다짐하던 학생 고모는 일본 ○○대학 의학부 3년을 못 채우고 폐에 물이 고여, 세상을 떠났다.

걷는다. 눈밭에 미끄러지면서, 발부리에 차이는 낙엽이 아파할 것 같아 이리저리 발길을 헤집으며 걸어가던 작은 계집아이가 오롯이 가슴속에 키워 온 건 사랑이었을까, 미움이었을까. 학생 고모에 대한 한 아름의 그리움이었을까.

지금처럼 사람이 넘치지 않았던 그 무렵의 돌담길은 겨울이면 눈꽃으로, 가을이면 우수수 나무 잎을 떨구며, 지나가는 사람의 심사를 주워 담곤 했다. 짙푸른 그늘로 땀기 젖은 발부리를 초록으로 적셔 주던 그 푸른 그늘을 나는 아직도 가슴에 담고 있다.

고등학교 3학년, 국어를 담당하시던 김정호 선생님(여선생님, 1951~1954)이 내가 써낸 「한 구석」이라는 글짓기 한 장을 읽어 보시곤, 나직이 고개를 주억거렸다. 왜 국문과 아니고, 하필 지리학과냐고, 물어 주시던 그 은근한 표정에서 나는 뜻밖에 가슴 자락에 희미하게 두근거리는 기미를 느꼈다. 내 가슴속에 일렁이는 작은 물이랑을 눈치 채신 선생님은 말끝을 오므렸다. 글짓기 한 장으로 장담할 수는 없지만 어떤 가능성은 엿보여. 잘 생각했어. 국문과에서는 실제로 창작 같은 건 안 가르치거든. 그냥 한글과야. 그때 곁에 서 있던 지리담당 하시던 송 선생님이 끼어들었다. 그래, 지리보다는 역사학과가 제격이지만 그 과에는 언니가 다닌다고 하니까, 지리나 사회 중에서 골라야 한다면, 단연 지리라고 생각한다고.

그 날, 나는 덩굴에 뒤덮인 붉은 벽돌 건물 뒤란에 앉아 있었다.

창경궁 돌담길에서 이어지던 숙명의 붉은 오지벽돌, 그 단아하고 야무진 벽돌을 타고 올라가던 담쟁이 넝쿨의 그 억척스러운 기백을 나는 많이 좋아했다. 나는 그때 생각했다. 내가 마음속으로 존경해 마지않던 학생 고모님은 나의 붉은 오지벽돌이었고, 그 벽돌을 타고 올라가는 무성한 덩굴은 바로 나라는 것을.

나는 덩굴이야, 덩굴이고 싶어. 수없이 입속에서 되뇌면서, 국어 선생님이 말씀하시던 '한구석의 아이'로 나는 거듭나고 있었다. 만일 그런 은유가 내 어린 시절 누군가로부터 귀띔 받지 않았다면 나는 그냥 적당히 노닥이면서 살지 않았을까 싶다.

덩굴 곁에서 나는 행복했다.

졸업 사진을 찍는다며 소리쳐 부르는 담임 선생님의 시야를 벗어나려고 덩굴 깊숙이 몸을 가렸다. 사진 같은 게 별로 가슴에 와 닿지 않았다. 사진 찍기를 끝내고 흐트러지는 급우들을 보면서 나는 곧장, 지리부도 따위를 보관하는 3층으로 올라갔다. 나는 남빛, 지중해가 술렁거리는 커다란 지리부도를 걸어놓고 그 안에 풍덩 빠졌다. 늘 그랬다. 청소가 끝나고 모두들 귀가한 뒤의 쓸쓸한 교정, 덩굴이 벽돌을 타고 기어 오르는 그 청정한 줄기를 바라보면서, 지리부도 속의 푸름 속에 몸을 담그면 나는 숙명의 아이, '한구석의 아이'로 온전하게 키를 세우고 꿈을 가꾸며, 나래를 펼쳤다.

김용신 시인의 「넝쿨의 힘」이라는 시는 내가 숙명을 졸업하고 한참 뒤에 발표한 시다. 어쩌면 나의 말을, 나의 심상을 그리도 절절하게 표현했는지, 나는 이따금씩 살아온 나날을 문득 뒤돌아보는 시간이면 혀끝에 매달린 이 시를 나직이 낭송한다.

    덩굴은 그 곳에 길이 있었기에
    걸어갔을 것이다.
    낭떨어지든 허구렁이든 다만 길이 있었기에
    뻗어갔을 것이다.

김용신 시인의 「넝쿨의 힘」 일부를 옮긴다.
그 시집은 구할 수가 없고 다만 머릿속에 남은 몇 줄뿐이다.

안명희

슬픈밤섬
삶의역주행

1936년 서울에서 태어나 숙명여고를 거쳐 이화여자대학교 약학과를 졸업했다. 2000년 동국대학교 불교학과에서 철학박사 학위를 취득하였다. 2001년 〈한국문인〉에 수필로 등단하였다.
수필집으로 『호숫가의 아이들』, 『사랑이 맴도는 터』가 있고, 특히 『보헤미안의 보석상자』는 세계적인 독자를 위해 영역을 하여 독자의 폭을 넓혔다. 현재 한국문인 여성문인 회장, 한국수필가협회 운영이사로 활동하고 있다. 한국문인상, 신사임당 수필부문 장원, 한국수필문학상, 불교문인협회작가상, 연암기행수필문학상을 수상하였다.

슬픈 밤섬

살갗을 스치는 바람결에 정겨운 온기가 실려 온다.

유람선을 타기 위해 강가로 나갔다. 잿빛 구름이 내려앉은 강물이 느린 물살로 흐느적거리며 흐른다.

배는 천천히 유선형으로 한 바퀴 돌더니 서쪽을 향해 움직이기 시작했다. 몇 개의 다리를 지나자 국회 의사당이 보인다. 24절기를 나타내기 위해 조각조각으로 이어진 빛바랜 녹색 지붕은 잔뜩 찌푸린 하늘을 떠받치고 있다.

강폭은 옛날에 비하여 아주 넓어져 있다. 높은 둑으로 이어진 강가, 젊음이 묻어나던 은빛 모래사장은 자취도 없이 사라지고 삭막해진 강물만이 시간을 삼킨 채, 조용히 휴식하고 있을 뿐이다. 아직도 겨울 끝자락에서 벗어나지 못해서일까, 적막함만이 강가를 맴돌고 있었다.

선사시대 이래로 동해안과 서해안의 동서 문화를 잇는 동맥이 된 한강은 본래 우리말의 큰 물줄기를 의미하는 '한가람'에서 유래되었다.

한강은 백두대간白頭大幹에서 갈라진 한북정맥漢北正脈, 한남정맥漢南正脈을 나누는 선이 된다. 이 커다란 강물에 에워싸여 그 사이에 흐르는 크고 작은 물줄기에 의해 이루어진 한강 유역은 역사가 시작한 이래로 민족문화 형성의 중심이 된 곳이다.

이러한 천혜의 요지인 한양을 보호하는 한강, 자연 요새 기능을 하면서 민족사를 장식하던 자연의 멋은 모두 사라지고 문명의 이기로 도식화塗飾化된 시대를 묵묵히 흐르고 있다.

배는 여승무원의 낭랑한 목소리를 가득 싣고서 듬성듬성하게 꽃눈을 내민 밤섬을 지난다.

야트막한 구릉을 이룬 볼품없는 섬. 그러나 철새들은 여전히 떼를 지어 발랄하게 날아오르고, 오리와 원앙들은 도심의 표정을 관조하며 잔잔한 물결 위를 평화롭게 헤엄친다.

1968년 개발이란 명목으로 폭파를 당한 슬픔의 섬, 밤섬.

단지 62가구의 주거를 이룬 섬사람들은 아무런 저항도 하지 못하고 정부시책에 밀려 쓰린 가슴을 안고 마포 근처로 이주했다.

와우산 기슭에 연립주택을 지어 주기로 한 공약은 무시한 채, 얼마 되지 않는 보상비로 그들을 기만했다. 대부분이 문맹인 주민들은 관공서와의 접촉을 기피했기 때문에 갑자기 닥친 구청 직원의 강제성 퇴출에도 한마디 불평을 하지 못하고 떨리는 오열을 안고 고향을 떠나야만 했다.

"폭파 장치에 연결된 단추를 누르자, 이곳의 62가구 443명의 주민들은 기슭에 나와 모두 눈물을 흘렸다"는 그 당시 〈경향신문〉 보도가 있었다.

소멸로 인한 존재의 한계선에서 그들에게 더욱 소중하게 다가오는 삶의 터전과의 이별은 단지 소리 없는 벙어리 항거가 다였다.

천연의 철새 도래지는 이렇게 해서 우리 지리학상에서 그 자취를 지워 버렸지만, 자연의 질서는 그 생명의 소멸을 그냥 버려두지 않았다. 인간이 만든 문명의 힘을 이겨내기 위하여 부단히 흙을 쌓고, 또 쌓아서 오늘의 섬을 소생시켰다.

이십여 년 동안 한강 퇴적물에 의해 섬의 면적은 증가하고 나무와 풀이 자라나자 모 그룹에서는 그 곳에서 자생할 수 있는 많은 나무를 심었다. 섬은 다시 생명의 향기로 숨을 쉬고 도심 속의 철새 도래지는 자신의 옛 모습을 되찾았다.

해마다 치러내는 장맛비에 밤섬이 범람의 위험을 가져온다 하여 없애야 한다는 것이 납득할 수 없는 이유 중 하나다. 단지 개발이라는 미명 하에 섬 거주민들의 씻을 수 없는 실향민의 아픔은 아직도 깊은 상흔으로 남겨 놓고 있다.

고려시대 유배지인 '광터'로 이곳의 역사는 국토개발이라는 문명권에서 소외된 지역이었다. 투기의 대상도, 과욕의 대상도 아닌 섬은 세인들의 관심 밖에 땅이었다. 그래서인지 다행히도 자연이 훼손되지 않아 해금강을 연상시켰던 뛰어난 풍치는 시인 묵객들이 마포 강변에서 밤섬을 노래하며 아름다운 정취를 즐길 수 있게 했다. 반면에 겨울철을 제외하고는 상습적인 침수의 위험으로 언제 어디서 아이들이 익사의 피해를 입을지 모르는 위험한 곳이기도 했다.

 이러한 불안감을 운명적으로 받아들인 그들은 그저 삶의 어떤 질적 향상을 모른 채 700년이라는 세월을 한강의 흐름과 함께 자연인으로 살아왔다. 바로 옆에 당인리 발전소가 있었으나 이주하기 직전까지 전기가 들어오지 않아 두메산골을 방불케 했다. 그뿐만 아니라, 마을에 있는 우물물이 짜서 다만 사당의 제수로만 이용할 뿐, 오염의 한계에 다다른 강물을 그대로 먹었다.

 문명과 등진 삶 속에서도 그들은 범람과 강물에 의한 불의의 사고가 없기만을 바라는 작은 원을 가지고 소박한 삶을 살았다. 농사와 조선업에 관계된 일로 궁핍한 생활을 하면서…….

 실향민들의 지치고 힘든 삶 속에서 잠시 쉬어가는 마음속의 섬, 밤섬. 그들은 아직도 행복이란 기억 속에 존재하는 그 곳을 바라보며 그리움과 갈망을 달래고 있을 것이다.

 슬픔을 안은 뱃머리는 안개 속에 흐려진 섬을 버려둔 채 강물을 역행하면서 선착장에 나를 내려놓았다.

 시간을 안고 흐르는 강물 위에 자리한 외로운 섬.

 생명의 에너지로 새로운 역사를 거듭 만들 것을 마음으로 바라며, 설렁설렁한 바람에 밀려 발걸음을 떼었다.

삶의 역주행

상상도 못해 본 일이다.

나에게 청춘이 다시 온다면 무엇을 할 것인가. 여러 날 나를 들뜨게 했다. 세상을 새로운 렌즈로 바라볼 수 있다면 얼마나 값진 경험들이 나를 기다릴 것인가.

열아홉, 아니 스무 살? 어디서부터 시작할까. 정확히 어느 지점인지 몰라도 그 곳에는 행운의 손길이 나를 기다릴 것만 같다.

내 삶을 돌아보면서 진정으로 무엇을 간절하게 원하며 살았는지 어깨의 힘을 빼고 살펴보는 시간도 갖게 되었다.

아이들과 남편의 뒷바라지를 하던 시간들, 내 인생은 종속적이고 나라는 자의식의 무게는 점점 작아질 수밖에 없었다. 세월에 편승해 성장해가는 아이들을 보는 기쁨으로 남편과는 사랑보다는 평화로움에 길들여진 굴곡 없는 삶으로 몇십 년을 살았다.

가슴 속에서 부유하는 작은 욕망들의 존재조차 인식되지 않을 정도로 바쁜 나날이었다. 뒤늦게나마 나를 위한 공간을 소유했으나 얼마만큼 나를 실현할 수 있었는지 돌아본다.

중복 장애를 가진 헬렌 켈러 여사는 '내가 만일 사흘만 볼 수 있다면'
첫째 날은 친절과 따뜻한 마음으로 내 삶을 살 만한 것으로 만들어 준 사람들을 보고 싶다고 했고.
둘째 날은 밤이 아침으로 바뀌는 모습을, 세 번째 날에는 도시를 다니면서 활기찬 사람을 보고 싶다고 했다.

나에게 잠시 나마 푸른 젊음이 내 앞에 펼쳐진다면 이제는 이룰 수 없어 체념한 여러 가지 일들을 실현해 보고 싶다.

먼 기억 속에서 열정을 불러내 준 내가 좋아하는 사람과 삶의 순간순간을 두 세계가 아닌 한 세계에서 만나고 싶다는 생각을 해본다. 불행하지도 불충분하지도 않은 삶이었으나, 이룰 수 없는 새 틀에 대한 욕망은 끝이 없나보다.

아니면, 늦지 않게 하고 싶었던 학업을 계속하여 학생들에게 꿈과 잠재된 자신을 개발할 수 있는 능력을 찾아 주는 활력 넘치는 교수도 되고 싶었다.

전쟁의 소용돌이에서 접어두었던 여류화가의 꿈, 조수미와 같이 심금을 울리는 미성으로 세계를 놀라게 하는 성악가는 금생이 아니라, 내생의 소망으로 자리 잡아 놓았을 뿐인데.

인생의 역주행, 생각만 해도 신나는 일이 아닌가.

나는 역주행을 좋아한다. 친구들과 고속열차의 가족석에 앉을 때면 으레 역주행 좌석은 내 차지다. 숨차게 앞으로만 달리던 의식의 방향을 역으로 돌리면 삶의 긴장, 체면, 형식을 벗어난 새로운 생성의 공간이 미묘한 쾌감을 느끼게 한다. 갈 수 없는 곳으로 부는 바람같이 역주행은 어린 시절 숲으로 달리게도 하고, 과거, 현재가 하나로 아우러져 시간의 연속성을 멈추게도 한다.

앞으로만 걷는 우리에게 뒤로 걷는 연습을 한다면 쓰여지지 않은 운동신경을 자극하여 건강에 좋다 하니 역逆이란 삶의 쉼표요, 묘약이 아닌가 싶다.

종교적 수행도 반조返照의 반복이라 할 수 있다. 자신을 뒤돌아 비춰 봄으로써 깨닫지 못했던 과오가 수면으로 떠오르고, 어지럽게 사색을 방해하는 번뇌와 욕망도 절제 할 수 있는 것이 자신을 뒤돌아보게 하는 반조의 능력이 아닌가.

때로는 훌륭한 선각자를 보면 수행자가 되고 싶기도 하고, 신앙으로 맑은 삶을 살 수 있게 불심을 심어 주는 불교학자가 되고도 싶었다.

그러나 무엇보다 청춘을 돌려준다면 품 넓고 변하지 않는 사랑으로 불꽃 튀는 사랑을 하고 싶은 것이 첫 번째 욕망이다. 바라보고 있어도 그리운 사람, 사랑하기에 사랑할 수밖에 없는 사람을, 그런 연인을 만나고 싶은 것이다.

젊음을 담보로 세계를 활보하고도 싶다.

여행지에서 아름다운 선율이 울릴 때면 한 숨결로 호흡하며 춤을 출

수 있는 사람.

그리움에 불을 붙이는 마법의 노래가 울릴 때 우리를 하나로 묶는 멜로디에 더 이상 말이 필요 없는 무언의 소통은 여행을 금상첨화로 만들 것이다.

상상의 나래는 끝이 보이지 않는다. 허망하게 사라지는 이슬 같고 거품 같아 실체가 없는 환상일지라도 글을 쓰는 이 순간에 찾아온 물오른 청춘이 하늘 빛 같이 마냥 반갑기만 하다.

그러나 나에게 젊음이 다시 온다 해도 무수히 떠오르는 욕망을 잠재워야 하고, 불가시적 인생을 조각하는 일은 쉬운 일이 아니다. 청춘으로의 회기가 아무리 설레여도, 열정이 얼마나 젊음을 물어뜯을 수 있는지 아는 이 나이에 그저 현재에 안주하고 싶을 뿐이다.

금 밖을 벗어나 과감히 경계선을 이탈하는 것도 때로는 역행의 순간처럼 짜릿하겠지만 더해가는 나이테의 세월 속에서 돛단배의 순항처럼 쉽게, 새처럼 가볍고 자유롭게 내 생의 시간들을 더욱 행복한 날로 만들고 싶다.

태산처럼 높으나 멋지고 매력적인 문학의 길은 나의 영혼을 더욱 살찌게 하고, 그리운 얼굴, 지울 수 없는 얼굴, 사랑하는 얼굴이 있어 나의 생은 밝고 일석 삼조의 포만감을 느끼며 살게 한다.

일상의 역주행은 일탈의 스릴을, 삶의 넘쳐나는 활력과 자극을 그리고 나의 작은 소망을 담고 달린다.

본원적 순수의 여백을 향하여…….

권은정

흐르는바위
감나무가있는집

대구에서 태어나 숙명여고와 이화여자대학교 약학대학을 졸업하였다. 2005년 〈한국수필〉에 「감나무가 있는 집」으로 등단, 「나무와 새」외 다수의 수필을 발표하였다. 현재 한국문인협회와 한국산문의 회원으로 있다.

흐르는 바퀴

누군가 4월을, '잔인한 계절'이라고 했다. 올해 서울의 봄이 좀 특별했다. 4월 끝자락에까지 맵고 아린 겨울 입김이 가시지 않았으니까.

기상이변으로 봄과 가을이 단축되고 긴 여름, 긴 겨울만 도래한다는 이야기는 조금 스산하다. 변덕스러운 날씨에 목련도 벚꽃도 생기 없이 피는 듯 지고 있다. 말 뿐인 봄날은 오는 듯 가 버리고 말았다. 까칠했던 봄이지만 그냥 보내기 아쉬워 나는 어깨를 웅숭그리며 숄까지 들쓰고 산책을 나섰다. 자전거 길을 따라 걸었다. 바로 길 건너에 자전거 대여점이 새로 문을 열었다. 자전거 종류도 다양해졌다. 나는 자전거를 볼 때마다 내 머릿속 깊숙이 내재한 한 장의 밑그림과 마주하게 된다.

'자전거 아저씨'라고 나는 불렀다. 먼 친척 아저씨는 고등학생이었고 나는 겨우 초등학교 1학년생이었다. 아저씨가 낡은 자전거를 끌고 오는 날이면 늘 대문 앞에서 기다렸다. 아저씨의 자전거 뒤에 앉아 나무들과 건물과, 구름과 바람 속을 달리던 기억은 내 유년의 초록빛 사진이다. 진주 남강을 따라 길게 이어진 비포장도로는 자전거 타기에 안성맞춤했다. 강변에는 빨래하는 아낙네들의 모습이 옹기종기 모여 있었다. 하얀 입김을 내 뿜으며 방망이질을 하면서도 끊임없이 조잘대는 그네들의 입모습의 움직임이 흐르는 풍경 속에서도, 어린 내 눈에 보였다. 자전거 뒤 아저씨의 등에 찰싹 붙어 앉아 나는 푸른 보리밭과 남강의 그 길고 아늑한 강줄기의 푸름 속을 흘러갔다. 나는 마냥 즐거웠다. 머리카락을 훌치는 바람, 세찬 마파람, 간지러운 햇살이 가슴으로 스며들었다. 마냥 달리고 싶었다. 땅거미가 내릴 즈음에 나는 노란 불빛이 띄엄띄엄 켜져 있는 가로등을 따라 서둘러 집으로 향했다. 이럴 때면 영락없이 대문 밖까지 나와 계시는 어머니와 만났다.

　아저씨는 자전거에 대해 모르는 것이 없었다. 아저씨의 자전거는 아주 허름했다. 그는 항상 자전거와 함께 했다. 쉴 때도 그 낡은 자전거를 기름칠하고 닦았다. 물자가 아주 귀했던 일제 말엽이었으니 얼마나 아꼈을까 하는 생각은 세월이 한참 흐른 뒤에야 알았다. 그때는 유기도 강제 공출을 당했다. 어머니는 놋 제기만이라도 숨기기에 무던히 애를 쓰셨다. 창씨개명이다 하여 어수선한 시기였으므로 삶은 고달프고 각박했다. 우리의 일상을 꾸려나가는 데 많은 인내와 조심성이 필요했다.

　아저씨는 나에게 달리는 자전거의 재미와 속도를 알게 해준 것만이 아니었다. 내가 알지 못하는 여러 가지 새로운 이야기들도 많이 들려주었다. 『몽테크리스토 백작』의 통쾌한 복수 이야기며 다른 흥미로운 이야기도 곁들여 해주었다. 약대를 나왔지만 아직도 내 의식의 밑바닥에 문학에 대한 갈망이 숨쉬고 있음은 그 아저씨로 비롯된 꿈이었을 것이다.

얼마 지나지 않아 아저씨의 친구 두 명이 학도병으로 갔다. 인사차 온 친구들의 손을 어머니는 쓰다듬고 쓰다듬던 기억이 아직도 잊혀지지 않는다. 아저씨의 친구들은 돌아오지 않았다. 이러한 아픔은 그 시대가 우리에게 준 산물인 것이다.

그 친구들이 떠나 간 빈자리는 갈증으로 메워진 듯 아저씨는 몹시 힘들어 보였다. 그는 더 많은 시간을 자전거와 함께 했다. 달림으로써 밀려드는 친구에 대한 그리움을 떨쳐 버렸을 것이다. 그 시대의 우리네 살림살이는 〈울 밑에 선 봉선화〉의 노랫말처럼 처량했다.

철이 없던 나는 항상 자전거 타 보려는 데 열중했다.

진주에서 일 년을 살고 나는 부모님과 함께 아버지의 전근지로 이사했다. 형제가 없던 아저씨는 나를 친동생처럼 귀여워해 주었다. 6·25 당시 아저씨는 종군 기자가 되어 임시 수도 부산에서 근무했다. 우리 집에 자주 들렀다. 아저씨는 모든 풍경을 예사로 보지 않았다. 섬세하고 명징한 논법으로 나에게 6·25가 우리 민족에게 어떤 의미로 다가 왔는가에 대한 이야기를 들려주었다. 기자로서 삶의 이면에 가려진 풍경을 현장감 있는 문체로 그려내어 '올해의 기자상'을 수상하기도 했다. 그러나 유년시기에 삶에 대한 아름다운 꿈과 흐르는 은빛 바퀴가 삶의 순환이라는 막연하지만 깊고 그윽한 생의 은유를 내 머릿속에 각인시켜 주었던 그는 젊은 나이에 세상을 떠났다.

　삶이 흔들리고 외로운 때 나를 달래 주는 추억이 없다면 인생은 바람 부는 황량한 벌판 위를 맨발로 달리는 기분일게다. 추억이란 우리들을 보듬어 주고 정서적으로 안정시켜 준다. 때로는 책 제목처럼 오만과 편견에 얽매였던 때를 후회하게도 하며 위로해 주기도 한다.

　나는 가끔 자전거 여행가들처럼 내가 살았던 곳, 가고자 하던 곳 등을 머릿속으로 넘나들어 본다. 아련한 그리움과 더불어 달콤한 지난날의 길 위를 마음속으로 달려본다.

　자전거를 타는 데 있어서 중심과 균형이 중요하듯 우리 인생의 길에서도 균형이 중요하다는 것을 나이 들어갈수록 더욱 깨닫는 것 같다.

　오색의 빛을 되쏘며 바람 속을 질주하는 은빛 바퀴의 흐름은 내 생의 오롯한 그림 한 장으로 남아 있다.

감나무가 있는 집

많은 사람들은 아파트를 좋아한다. 그러다 요즘은 우리 동네에서 오래 전부터 친숙했던 얼굴들은 거의 볼 수 없게 되었다. 모두들 강남으로, 신도시로 떠나갔기 때문이다.

때로는 나도 이사를 갈까 하는 생각을 해보기도 한다. 하지만 동남향으로 앉은 내 집을 선뜻 떠나지 못하고 있다. 어쩌면 집 때문이라기보다, 흙과 꽃 때문이라는 말이 더 정확한 이유일 것도 같다.

내 집에서는 적으나마 발에 묻힐 흙이 있어 삭막하지 않다. 코에 와 닿는 흙냄새가 있어 푸근하다. 그렇다고 우리 집 마당이 넓다는 것은 아니다. 좁긴 하지만 그런 대로 온갖 색깔의 꽃들이 듬직한 나무들 사이에 어우러져 있다.

길가 쪽 담장 옆에는 한 그루의 감나무가 있다. 이 나무는 내 마음의 한 구석을 풍요롭게 해준다.

봄, 감꽃이 필 무렵이면 나는 초롱같이 조그맣고 앙증맞은 꽃이 얼마나 벌어졌는가를 날마다 살핀다. 이 꽃을 바라보노라면 돌아올 수 없는 어린 날의 어리광과 철없던 치기가 고운 색깔로 배어 있는 곳으로 나를 빠져들게 한다.

나는 감꽃이 떨어질 때면 동네 개구쟁이들과 더불어 감나무 밑에서 살다시피 했다. 떨어진 꽃을 주워 시금털털하면서도 달짝지근한 맛을 본다. 또 실에 꿰어 긴 목걸이를 만들기도 했다. 누가 더 많이 주워 길게 만들었는가를 뽐내며 떠들던 조각난 기억들이 아련하다. 어린 날의 감나무 밑에는 햇살 같은 웃음과 즐거움만이 맴돌고 있다. 그래서인가 나는 감을 별나게 좋아한다.

초가을이 되면 파랗던 감이 조금씩 붉어지기 시작한다. 낙엽이 거리를 휩쓸 때면 감은 제 빛깔을 낸다. 잘 익은 열매들은 먼 하늘의 노을빛을 닮았다. 담장 밖으로 늘어진 가지에 달린 빨간 감들은 밖에서 집으로 돌아오는 나를 반긴다. 수줍은 새악씨처럼 빠알간 얼굴로 단내를 풍기면서…….

나만이 아니라 우리 집 앞을 지나가는 사람들을 즐겁게 해준다. 모두 한 번씩 감나무를 쳐다보고 "저 감 좀 봐, 크기도 해라" 하고 지나간다. 우리 집 감은 유달리 크다. 제법 날씨가 쌀쌀해져도 나는 감따기를 마냥 늦추고 싶다. 빼앗겨 버린 예쁜 보배를 못 잊어 서러워하며 엉성하게 가지만 뻗어 있을 나무를 보기 안쓰럽기 때문이다.

우리 집 감을 제일 먼저 맛보는 녀석은 참새와 까치이다. 가장 잘 익어 말랑한 놈을 골라 잘도 쪼아 먹는다. 그 모습을 보는 것만도 재미있다. 까치는 한 입 쪼고 멀리 보고 또 한 입 쫀다. 파아란 하늘빛 아래 펼쳐진 한 폭의 동양화다. 새들은 꼭지 부분을 먼저 쪼아 먹는다. 그러면 감은 힘이 없어 떨어지고 만다.

올해도 하루 이틀 미루다 어느 맑은 아침나절, 나는 우리 그이와 감을 따기로 했다. 남편은 망 주머니가 달린 긴 대나무 장대를 들고 나섰다. 나는 시골 아낙네처럼 머리에는 수건을 두르고 큰 함지를 안고 뒤따랐다. 그이가 장대를 이리저리 비틀며 돌려서 감을 망 주머니 속에 따 내려 놓는다. 나는 주머니 속에서 꺼내 함지에 담았다. 단단하고 찬 촉감이 손에 산뜻하게 느껴졌다. 달콤한 주홍빛이 손에 묻어날 것만 같았다.

"허리 다쳐요. 조심하세요." 나의 걱정이 담긴 말에 그는 그저 빙그레 웃을 뿐이다. 뭔가 보이지 않는 따뜻한 정이 우리 둘 사이로 오가는 것 같았다.

남편은 감을 다 따지 않고 대여섯 개를 남겨 놓았다. 감나무의 단골손님인 까치와 참새의 몫인 것이다. 지나가는 사람들이 감을 보고 한마디씩 하면 따 담아 놓은 것 중에서 골라 두세 알씩 선뜻 주기도 한다.

우리 집 딸아이는 집 안팎으로 하는 일없이 들락거렸다. 한 그루의 감나무 덕택에 나는 딸과 더불어 도심에서 시골의 정취를 만끽한다. 넉넉한 마음에 푸짐한 수확이다. 좋은 것들을 골라 대바구니에 담아 이웃들에게 돌렸다.

몇 알 안 되는 것이지만 서로 나누는 기쁨을 맛보고자 해서였다.

삭막한 도시이지만 짙어 가는 계절의 풍성한 나눔이 있어 즐겁다. 나는 마음이 들뜨고 분주하다. 먼 훗날 딸과 더불어 오늘을 회상할 수 있는 추억을 만들 수 있어 더 기쁜 것이다.

내가 만일 아파트로 이사를 갔더라면 이런 기쁨을 맛볼 수는 없었으리라.

낡은 집이지만 나는 꽃이 있고 감나무가 있는 나의 집을 사랑한다.

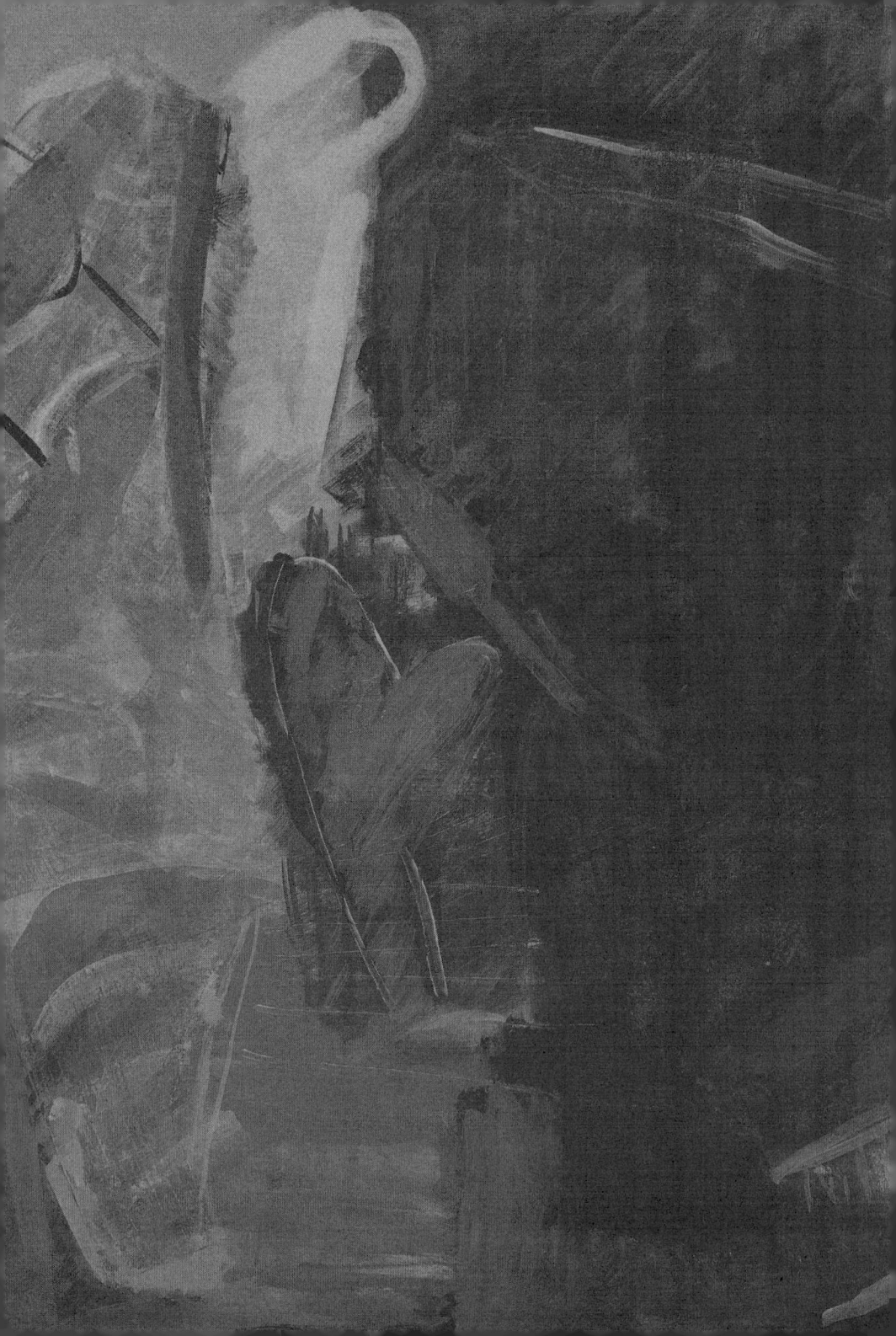

강순경

의식 흐름을 찾아서
서재로출근

서울 도렴동에서 태어나 숙명여고와 이화여자대학교 영문과를 졸업하였다. University of Hawaii에서 영어학 석사과정, 이대 대학원에서 영문학 석사를 거쳐 단국대학교에서 언어학으로 박사학위를 취득하였다. 홍익대학교 영문과 교수로 재직, 2002년 정년퇴임하였다. 미국 UCLA의 Visiting Scholar, 한국 언어학회 이사, 음성과학회의 고문을 역임하였다. KBS 제2 방송에서 생활 영어를 방송하였으며 교재로는 『Better English Conversation』이 있다.

저서로는 탈북자의 발음을 음향 음성학적으로 분석한 『북한어 모음체계의 음향학적 연구』와 언어학 이론과 실생활을 연결한 『지구촌 언어여행』과, 고령화 사회의 고민을 피력한 『골드 위도 홀로서기』가 있다. 2009년 한국문인협회 회원으로 가입하였으며, 죽음 준비 지도자 과정을 수료하여 웰다잉 강사로 활동하고 있다.

의식 흐름을 찾아서

내가 이화여자대학 영문과 일학년 때 첫 번째로 맞은 영미 단편소설 시간에서 이해가 안 되었던 단어가 바로 'attached house' 라는 것이었다. 지금은 그 시간에 공부하였던 단편소설의 작가도 글의 제목도 기억이 나지 않지만 이야기 내용은 'attached house' 에서 사는 두 영국 독신 여인들이 서로 겪는 갈등의 이야기였던 것 같다. 그 시간은 미국서 갓 돌아오신 김세영 선생님이 가르치셨는데 유머와 위트로 항상 우리를 즐겁게 해주었다. (아마 humor와 wit라는 단어도 선생님한테 배웠을 것이다.) 그 당시 선생님은 하이 미스로 매일 같은 계통의 색깔을 맞추어 옷을 입고 오시는 멋쟁이 선생님이셨다. 선생님은 당시 'attached house' 가 어떤 것인가를 가르쳐 주셨을 것인데도 내 마음속에는 사전적인 용어인 '붙어 있는 집' 정도로 알고 있었고 실제로 어떤 것인지는 이해가 되지 않았다.

그 후 거의 삼십 사오 년이 지난 1991년 어느 겨울, 나는 런던 어느 한적한 길을 산보하다 그만 길을 잃은 적이 있다. 눈앞에는 조각이 새겨진 전통적인 돌집들은 찍은 듯이 같아 보여서 번지 숫자를 외우지 못하면 집을 찾기가 어려웠다. 나는 떠나온 호텔로 되돌아가는 길을 잃어버려서 일순 당황하였으나 내심 조용한 겨울, 한적한 일요일 오전에 안개 낀 거리에서 잠시 길을 빗나가 헤맨다는 것에 짜릿한 낭만을 즐겼다.

그때 어느 순간 내 눈앞에 집 모양을 보는 것과 동시에 머리를 후려치는 전광석화와도 같은 것이 있었다. 아, 저것이 바로 'attached house'라는 것이구나! 똑같이 찍어 놓은 듯한 집들은 거의가 양쪽으로 쌍둥이처럼 분리되어 있었다. 안으로는 서로 통할 수도 있으니 옛날 공부하던 단편소설 속의 두 노처녀들은 수시로 드나들며 말썽을 일으킬 수도 있었을 것이다. 그런데 왜 하필 그 순간에 35년도 더 오래되었던 의문이 느닷없이 의식의 밑바닥에서 튀어 올라 왔는가는 알 수 없었다.

학부의 전공이던 영문학을 버리고 석사 과정에서 영어학을 택했을 때 나는 내가 원하던 문학을 못하는 것이 못내 아쉬웠다. 나는 결혼 후 3년 동안을 수돗물도 없는 수유리 영단주택에서 아이를 키우다 남편을 따라 하와이 대학 석사 코스인 동서문화센터에 오게 되었다. 나는 당연히 영문학 전공을 해야 된다고 생각했으나 일본인 일세의 지도교수는 외국인 학생에게는 영문학을 택하기보다는 언어학이나 응용언어학을 선택하도록 강조하였기 때문에 응용언어학인 영어학을 택하였으며 그 과목이 어떤 것인지도 모른 채 달려들어 맹렬히 공부하기 시작했다. 돌이 막 지난 어린 아들을 친정에 맡기고 온 나에게는 공부란 사생결단의 대상이었기 때문이다.

그 후 우여곡절을 겪어 이화대학의 강사 생활 7년을 시작으로 마지막에는 홍익대학 영문과 교수로 통산 35년의 교직 생활을 하게 되었다. 이 모두가 생각해 보니 39년 전 일본인 지도교수가 추천한 대로 영문학 대신에 영어학을 택한 덕분이었다. '언어'는 '문학' 이전에 생겨난 것이지만 학문으로서의 '영어학'은 비교적 최근에 발달한 일종의 언어과학으로서 영어를 제일 외국어로 배워야 하는 우리나라와 같은 곳에서는 소위 잘 팔리는(?) 학문이기도 했다.

영문학과에서는 일반 학생들을 대상으로 교양 영어도 담당하게 되었다. 영문과 교수들은 전공 이외에 일반 학과 학생들의 1, 2학년들을 대상으로 교양 영어를 가르치게 되어 있었는데 나중에 이 제도는 바뀌었으나 교양 영어 시간은 학생수가 60명도 더 되어서 20명 정도의 전공을 가르치는 것보다 몇 배나 힘들어서 대다수의 고수들이 기피하는 시간이 되었다. 자연스럽게 교양 영어는 새로 부임한 교수나 강사에게 맡기는 것이 관례가 되었다. 그러나 교양 영어를 맡는 것이 나에게는 한 학기를 즐겁게 지낼 수 있는 원동력이었다.

학부의 전공을 가르치는 것 외에 대학원 강의를 맡아야 했는데 이것이 오히려 고역이었다. 겨우 5, 6명 되는 학생을 대상으로 그것도 최근 3, 4년 안에 나온 새로운 원어 교재를 머리를 싸매다 싶게 공부하여 가르치려니 한 학기 내내 다른 과목은 버려두고 대학원 코스에만 매달려야 하니 정말 타산(?)이 안 맞는 일이었다. 이럴 때 교양 영어마저 없었다면 얼마나 삭막할 것인가! 나는 새 학기 시간표를 배정 받을 때 교양 영어가 꼭 들어가도록 조교에게 환기시키며 강사들이 시간을 다 가져가서 내게 배당이 안 될까봐 전전긍긍하였다.

전공과목 강의는 잘 짜 맞춘 시계처럼 완벽한 준비와 조직적인 전달술로 새로운 지식과 정보를 전하면 기본은 되었다. 그러나 교양 영어 시간은 달랐다. 나는 그냥 시간에 들어가서 꼭 막아 두었던 감성과 낭만의 뚜껑을 열기만 하면 되는 듯했다. 평소 의식의 저 밑바닥에 억눌려 있었던 풍부한 감정과 낭만들은 온갖 색채로 굽이굽이 넘쳐 나와 교실을 부드러운 손길로 감싸 주는 것 같았다. 깊은 가을 오후, 토머스 하디의 『독일 군단의 우울한 경기병(The Melancholy Hussar of the German Legion)』은 어떠했나? 테스의 비극에 못지않은 주인공 필리스의 슬픈 운명에 가슴이 메인 학생들의 웅크린 등을 힘없는 가을 오후 햇살은 가만가만 매만져 주는 듯했다.

그 책 속에는 토머스 울프Thomas Wolf의 글이 헤밍웨이Hemingway가, 제임스 터버James Thurber가, 올더스 헉슬리Aldous Huxley가, 서머싯 몸Somerset Maugham이, 클레어런스 데이Clearance Day가, 셔우드 앤더슨Sherwood Anderson이 버트런드 러셀Bertrand Russell이…… 그리고 제임스 조이스James Joyce가 세월의 간격을 넘어 나와 우리에게 이야기를 들려주고 있었다.

어느 영국 유학 출신 학자가 "대한민국의 영어 선생들이여, 그대들의 죄를 아는가?"라고 오늘날 영어 교육의 실패를 영어 선생들의 잘못으로 꾸짖었으며 교양 영어 교재의 부적절한 선택이 영어 교육의 실패라고 비난하였어도, 교양 영어 교재를 훌륭한 영미 문인들의 작품으로 채워

넓은 것은 긍정적인 면이 더 많았다고 나는 믿는다. 교양 영어는 '사지 선다형'의 답안 밖에 작성할 줄 모르는 학생들의 메마른 정서를 교양시켰을 뿐만 아니라 나 자신도 교양시켰으니 워즈워스의 시구대로 "어린이는 어른의 아버지(Child is father of man)"에서 "학생들은 선생의 선생"이기도 했기 때문이다.

나는 학생들을 가르치면서 풍부한 문학의 정감을 익혔으며, 또 좋은 수필은 어떻게 써야 하는가를 배웠다. 좋은 수필은 가디너A.G. Gardiner의 「모자 철학에 관하여(On the Philosophy of Hats)」나 「우산 도덕에 관하여(On Umbrella Morals)」처럼 작가의 철학관과 창의성이 담아 있어야 한다고 생각했다. 또 클레어런스 데이의 어린 시절 생생한 추억 이야기는 감명을 주었는데 훗날 내가 대단한 글은 못쓴다 해도 데이 풍의 글은 쓸 수 있지 않을까 하는 막연한 생각을 품게 되었는데 마음에 큰 위로가 되었다.

특히 제임스 조이스의 「더블린 사람들」에서 발췌한 「하숙집」이나 「에블린」, 「가슴 아픈 경우」를 가르칠 때는 35년의 시간을 넘어서 내 귀에는 나영균 선생님의 강의 소리가 들리는 듯하였다. 나 선생님은 3학년 때 영소설을 담당하셨는데 가장 인상 깊었던 것은 조이스의 「예술가로서의 젊은이의 초상화(Portrait of the Artist as a Young Man)」를 공부할 때였다. 강의 시간에 나 선생님의 우리말 번역은 정말 군더더기 하나 없는 일품이었다! 우리는 선생님의 낭랑한 음성에 도취하여 조이스가 펼치는 세계 속을 홀린 듯 방황하였다.

나는 2002년 2월 말에 학교를 정년퇴임하였을 때 대부분의 책들은 '○○○ 기증'이라는 목도장을 찍어 도서관에 기증하고 극히 제한된 숫자의 서적들을 집에 들여왔다. 그 중에 소중히 가져온 것들 중에는 이화여대 강사 시절부터 지금까지 가르쳐 온 교양 영어 교재들이 있었다. 이 책들은 너무 오래 동안 뒤적거려서 거의 겉장이 찢어지거나 책갈피들이 손때에 절어서 피어 있었다. 그 중의 어떤 페이지에는 어린 딸아이가 빨간 볼펜으로 막 동그라미를 그려 넣은 것도 있었는데 아마 엄마와 같이 공부한답시고 책에다 그려 넣은 것이리라. 방해하려는 아이를 막으랴, 다음날 가르칠 단어들을 사전에서 열심히 찾아 썼었을 젊은 날의 내 모습이 회상되어 가슴이 찡하였다.

2002년 여름, 나는 영국의 잉글랜드와 스코틀랜드, 그리고 웨일스와 아일랜드를 여행하였다. 셰익스피어의 고향도 보았고 워즈워스의 고향도 보았다. 더블린에서는 조이스 센터 James Joyce Center도 찾아보았다. 그곳에서 그의 유품들과 그의 역작 「율리시스 Ulysses」의 각국 번역본들도 보았다. (물론 한국판도 있었다!) 한 벽에는 조이스가 했다는 유명한 질문인 "나는 율리시스를 썼다. 당신은 무얼 했나?(I wrote Ulysses. What did you?)" 라는 질문은 내게 정곡으로 가슴을 찌르는 질문이었다.

영국에서 15일 여행의 남은 몇 시간을 쪼개어 나는 런던의 옥스퍼드 거리와 본드 거리가 교차하는 번화가를 걸었다. 2차선 조금 넘는 좁은 도로를 이층 버스가 서로 부딪칠 듯이 스쳐 가는 왁자지껄한 거리에서 갑자기 충격을 받은 듯 깨달음이 내게 왔다.

나는 졸업 후 희망하던 대로의 길을 걷지 못했다고 생각했는데 그것은 아니었다. 대학 졸업 후 나의 표면적인 전공은 문학과는 거리가 있었으나 적어도 내면의 세계에서는 이것과 단절된 적이 없었다. 대학에서 아등바등 교양 영어와 인연을 이으려고 한 것도, 또 가끔 느닷없이 옛날에 배우던 'attached house' 같은 의문들이 떠오른 것도, 기회만 있으면 영국 문호의 고향을 찾으려 한 것도, 모두가 무의식 속에 묻혀 있던 문학에 대한 열망이 물방울이 터져 오르듯 표면에 떠오른 증거이리라.

나는 40년도 더 전에 나영균 선생님과, 김세영 선생님에게 배운 문학 수업을 종자 씨로 삼아서 겁도 없이 교양 영어 시간 중에 '의식의 흐름'이니 'hard-boiled style'이니 잘도 지껄이며 내 재산으로 불려왔던 것이다. 학생들은 내 번득이는 눈빛과 열정으로 오히려 전공보다 내 교양 영어 강의를 더 진실로 받아들였는지도 모른다.

갑자기 내 마음속의 감격은 뜨거운 눈물이 되어 옥스퍼드 거리 바닥에 떨어졌다. 지난날에 대한 후회는 없었다. 영어학은 내게 전문직을 주고 명예를 주고 또 월급도 주었다. 그러나 영어학과의 관계는 항상 단정하게 화장하고 정장하고 만나는 공식적인 관계와 같았다. 항상 잘 보이도록 열심히 노력하는 동안에는 응분의 대우를 받으나 조금이라도 게을러질 때는 가차 없이 잘릴지도 모른다는 두려움 같은 것이 깔려 있는 관계였다.

이제 나는 더 이상 나를 꾸미지 않고 생긴 그대로의 나를 보여 주고 그럴듯한 결과를 만들어내지 않아도 쫓겨날 염려가 없는 그런 편한 상대를 갖고 싶었다. 그 상대가 바로 문학이다. 이것은 새삼 처음 발견한 상대가 아니라 내 살아오는 동안 이미 같이 하여 왔으나 무디게도 내가 인식하지 못했던 것뿐이었다.

마침내 내 속에 막혀 있던 하수도관이 뚫려 40여 년 전의 과거와 연결

된 것처럼, 아니 혈관 벽에 눌어붙어 있었던 일상의 규율이라는 딱딱한 콜레스테롤이 제거되어 막 새로운 피가 순환되듯 눈물은 자꾸 보도 위에 떨어졌는데, 분명 환희의 눈물이었다. 이 새로운 발견은 젊음의 힘이 이미 사라진 60 후반의 나이에도 어떤 희망을 주는 것 같았다. 나는 흐르는 눈물을 연신 닦으며 때론 웃으며 낯선 옥스퍼드 거리를 한동안 걷고 또 걸었다.

서재로
출근

한때 은퇴를 하는 교수들은 시내에 오피스텔을 마련하여 그 곳으로 출퇴근 하는 것이 유행인 적이 있었다. 오피스텔을 장만하는 것은 투자 면에서도 이익이 되었던지 어떤 분들은 일찍이 오피스텔을 장만하여 두는 분들도 있었고 개인적인 사정으로 오피스텔을 장만 못하는 분들은 다소 곤혹스러워 했다. 그러나 이런 분위기는 얼마 안 가서 사라져 버렸는데 매일 오피스텔로 출퇴근하고 유지하는 문제는 은퇴로부터 얻은 완전 자유를 속박하는 일이 되었기 때문이다.

은퇴하기 얼마 전부터 나는 오피스텔의 독립된 공간 개념과 집안의 잘 갖추어진 편안한 분위기를 함께 즐길 수 있는 공간이 없을까 고심하게 되었는데 의외로 간단하게 해결할 수 있었다. 즉 현재 살고 있는 아파트 내에 남편과 나의 각각의 오피스텔을 만드는 계획이었다. 우리는 27년간 한 아파트에 살게 되었는데 마침 집안의 낡은 파이프를 교체해야 하는 대대적인 수리를 해야 했다. 번거로운 공사를 하느니 다른 곳으로 이사를 갈까도 생각하였으나 이사 가기에는 너무 오래 한 곳에서 살았다. 아파트만 나가면 눈앞에 펼쳐지는 풍경들 — 봄에 피는 꽃 사과나무와 겹벚꽃 나무들이 있는 화단과 낯익은 노점 상인들을 포함해 만들어내는 익숙한 풍경들 — 은 도저히 다른 곳의 낯선 풍경들과 바꿀 수 없었다.

마침 유능한 인테리어 전문가를 만나게 되어 일은 잘 진척되었다. 다섯 개의 방 중에서 양쪽 끝의 두 개씩 있었던 방들은 나와 남편 각각의 침실과 서재로 개조되었고 나머지 한 개의 방은 손님방 내지 한식 사랑방으로 꾸미게 되었다. 집 완성 후 집을 공개했을 때 사람들이 다른 어떤 것보다 우리 부부가 각각의 침실을 쓰는 것에 대해서 비상한 관심을 갖는 것에 놀랐다. 마치 부부가 별거라도 하는 듯이 생각하는 사람들도 있었다. 공동의 침실을 사용하던 시절에는 코를 골거나 새벽에 일을 하기 위해 일찍 일어나서 상대방의 잠을 깨워 서로 불평하던 일로부터 자유로워졌으니 그 얼마나 좋은가.

두 오피스텔 사이로는 공동의 거실과 식당과 부엌이 설비를 잘 갖추어 완성되었다. 인테리어 업자는 멋을 내어 거실 천장에는 한식 서까래와 하늘을 상징하는 유리 천장을, 그리고 거실과 식당 사이에는 바다를 상징하는 유리벽을 설치하여 주었다. 집이 완성되자 나는 주위 사람들에게 자랑삼아 집을 구경시켜 주었는데 이 소식이 미국에 있는 친구에게까지 전달되어서 "당신의 시적인 집(your poetic house)"을 언젠가 보고 싶다는 이메일을 보내 왔다.

가장 만족스러운 곳은 나의 공간이었다. 결혼한 아들과 딸이 쓰던 방 둘이 나의 침실과 서재로 개조되었는데 두 방이 독립성을 유지하면서도 하나의 공간 개념을 갖도록 연결시켜 주었으며 한 벽면은 거울로 덮어서 에어로빅도 할 수 있게 해주었다. 그가 소개하여 구입한 책상은 너무나 마음에 들었다. 컴퓨터와 프린터, 스캐너가 올라앉고도 몇 십 권의 책을 쌓고 널려 놓아도 될 만큼 충분히 크고 넓어서 나는 이 책상을 '대통령 책상(대통령이 사무를 보아도 충분히 넓은 책상)'이라고 불렀다. 정말 이 책상 앞에만 앉으면 일이 저절로 잘 되는 것 같았다. 새로 장만한 내 책상을 보면서 아이가 초등학교에 입학하였을 때 부모가 책상을 새로 장만하여 주는 것은 교육적으로나 정신적으로나 매우 중요한 일이라고 나는 생각하게 되었다.

  사실 나는 최근에 이르도록 남편과 아이들 책상은 따로 있었지만 나의 공부방 역할을 한 곳은 문간방이었고 책상은 집안에 굴러다니던 좌식 헌 책상이었다. 집에서는 항상 가사를 돌보아야 했기 때문에 나는 내 책상에서 공부하기보다는 주로 식탁 위에 책을 펴 놓고 공부하기 일쑤였다. 그러니까 엄밀히 말해서 정식의 내 전용 책상이 마련된 것은 은퇴하기 일 년 전에 집을 수리하고 난 후라고 할 수 있다. 새로 단장한 내 서재의 새 책상에 앉기만 하면 너무 행복해져서 아무 곳에도 나가고 싶은 마음이 없어졌고 저절로 멋진 글이 써질 것 같았다. 이렇게 일 년을 보내고 은퇴 날이 되자 나를 붙드는 사람도 없었거니와 나도 미련 없이 나는 내 서재로 은퇴하게 되었다.

  은퇴자의 대부분이 아침에 침대에서 늑장을 마음대로 부리는 것이 좋다고 하지만 할 일이 있어서 아침에 일찍 기상해야 하는 은퇴자는 더욱 행복하다. 은퇴 후에도 나의 일과는 일정한 계획표에 따라 움직인다는 점에서는 변함이 없다. 아침 식사 후 집안일을 대충 마친 후, 나는 침실에서 머리 손질과 화장을 한 후 옆방인 서재로 출근한다. 물론 버스를 탈 필요도 없이 가장 쉽게 하는 출근이다. 집안에 있어도 화장을 하는 것은 특별한 의미가 있다. 요즘 화장은 사회생활을 하는 여성에게는 상식이고 에티켓으로 간주되고 있으며 화장을 안 하는 사람은 좀 특이한 사람으로 간주되기도 하지만 화장은 자신의 결점을 감추고 아름답게 꾸미기 위한 것이라고 대부분의 사람들은 생각한다.

그러나 나는 화장에는 정신적 의미가 더 많다고 생각한다. 화장의 진정한 목적은 자신의 얼굴의 결점을 커버하듯이 이 까탈 많은 세상에서 자신의 약점과 속내를 드러내 보임 없이 당당하게 일하겠다는 일종의 정신적 무장이라고 나는 생각한다. 또 사회생활에서 물러나 집에 있어도 내가 집필을 하기 전에 화장을 하는 것은 게으름 부리며 막 살지 않고 절제 있게 생활하겠다는 결의의 표현이기도 하다. 그러므로 화장이란 젊었건 늙었건 상관없이 당사자가 살아 숨 쉬는 동안에는 아침에 심호흡을 하고 명상을 하듯이 반드시 치러야 할 엄숙한 의식이라고 나는 생각한다.

그 날의 기분에 따라서 나는 외출복으로 갈아입고 서재로 출근하는 경우도 있다. 정신이 해이해져 있거나 기분 전환이 필요할 때 나는 학교에 나가던 시절에 장만하여 입었던 옷장 속 가득 있는 옷들을 외출하듯이 갈아입는다. 여기에 어울리는 액세서리까지 하면 더욱 멋이 있다. 직장이 집안에 있으니 출근하기 위해 교통비도 필요 없고 교통난에 시달릴 필요도 없다. 입을 기회가 적은 옷들을 옷장에 걸어 두어 무엇 하나. 그래도 아침에 외출복으로 갈아입는다는 것은 옷장 안에 잠들어 있는 옷을 바람 쏘이게 해주고 내 기분도 또한 전환시키는 효과가 있다. 책상에 앉아 일을 하다가 불편하면 간편한 옷으로 갈아입는다. 대개 나는 일종의 워밍업으로 이메일 통신을 읽고 답장을 쓰고 각종 신문과 잡지의 내용을 스크랩한다. 각종 매체로부터 정보를 수집하고 분류하여 철하는 일은 정보가 필요할 때 인터넷에 들어가 조사하는 시간을 절약해 준다. 그리고 글을 쓰기 시작한다. 집필에 착수한 후 잘 진척이 되지 않을 때 나는 기분 전환을 위하여 집안일을 한다. 미뤄 둔 설거지, 수시로 걸려오는 전화와 예기치 않은 방문객들, 각종 검침원들과 등기 배달원에게 응답하기 위해 잠시 내 일은 중단된다.

창의적인 생각은 책상 앞에 정좌하고 앉았다고 술술 나오는 것은 아니다. 마음에 들게 글이 써지지 않고 머리가 혼란스러울 때 잠시 일을 중단하고 간단한 집안일을 하는 것은 머릿속에 엉켜 있는 생각들을 풀어 주고 정돈을 시켜 주는 역할을 한다. 내가 하는 집안의 반복적인 일들을 나는 가끔 일부 작가들이 생각의 촉발을 위하여 담배를 피워 물었던 일과 비슷하지 않을까 생각해 본다.

점심을 먹고 식곤증으로 졸음이 올 때 나는 잠을 쫓기 위하여 집안 마룻바닥을 대걸레질 한다. 졸음에 못 이겨 만약 곧바로 잠을 잔다면 아서라, 밥 먹은 것은 고스란히 살로 다 가서 무게가 불어난다. 그리고 이 불어난 몸을 줄이기 위해서 생고생을 해야 한다. 운동 겸 잠도 쫓을 겸 강행하는 내 육체 움직임 덕분에 집안 바닥은 말끔하게 세수를 하게 된다.

머릿속의 생각이 무르익어 글로 쓰여지는 과정은 마치 이스트에 반죽한 밀가루가 숙성하여 향기로운 빵으로 구워지는 과정과 비슷하고 가끔 생각한다. 네 시간이나 걸려서 완성되는 빵은 온 집안 구석구석 맛있는 냄새를 풍기며 구워진다. 이렇게 해서 완성된 빵의 크기는 겨우 두 사람이 먹어치울 만한 크기가 되는데, 거의 온종일을 폼 잡고 의자에 엉덩이를 들썩대며 써진 글줄이 겨우 A4 용지 반쪽도 못 채우는 결과를 가져오는 것을 보아서도 빵 굽기와 글쓰기는 비슷한 점이 있다.

실제로 나는 식빵을 구워 먹는 것을 즐긴다. 배합한 식빵 재료를 사다가 설명서에 지시한 대로 설탕과 탈지분유와 마가린과 이스트 등의 재료를 잘 배합하여 제빵기 속에 넣는다. 똑같은 재료를 혼합하여도 매번 똑같은 모양의 빵이 구워지는 것은 아니다. 어떤 때는 빵이 먹음직스럽게 잘 부풀어 올라 있지만, 같은 정성을 쏟았는데도 어떤 때는 빵이 형편없이 납작하게 찌부러져서 속상하게 만들 때도 있다.

어느 운 좋은 날, 제빵기의 유리 뚜껑을 통하여 빵이 먹음직스럽게 부풀어 올라오는 것이 보여 성공 확신으로 가슴이 뿌듯해 올 때, 드디어 빵이 구워지는 맛있는 냄새가 온 집안 구석구석을 진동시킬 때, 여기에 뒤질세라 여지껏 애먹이던 생각의 실타래가 풀려 컴퓨터 화면에 가지런한 글자로 그 결실이 소록소록 얼굴을 내밀 때, 나는 브라보 탄성을 지르며 오늘의 작은 성공에 행복해 한다.

홍혜랑

문명인의 부적符籍
주황색 신호등

1959년 숙명여고를 졸업하고 고려대학교 법학과에 입학하였으며 1965년 동대학원에서 법학석사를 마쳤다. 결혼 후 가족과 함께 독일에 머무는 동안 독일 마부르크 대학 독어독문과에서 현대 독일어를 수학했다. 귀국 후 한국외국어대학교 독일어과 대학원에서 문학석사를 마치고 한국외국어대학교, 고려대학교, 경희대학교, 서울여자대학교 등에서 20여 년 동안 교양 독일어를 가르쳤다. 한국번역가협회 번역능력인정시험 출제위원, 이사를 역임했다.

1994년 수필문단에 등단하였고 〈에세이문학〉 편집위원, 한국수필문학진흥회 상임이사를 역임했다. 현재 〈에세이문학〉 기획위원, 작품심사위원이다. 저서로는 『이판사판理判事判』, 『자유의 두 얼굴』이 있으며 3인 공저의 일역日譯판 『한국여류수필선』이 있다. 제26회 현대수필문학상을 수상했다.

문명인의 부적符籍

종교 서적이 아니면서 읽는 이의 영혼을 절대자 앞에서만큼이나 발가벗게 하는 책 『무탄트 메시지』를 나에게 추천해 준 분은 가톨릭 신부님이었다.

호주에서 자연 예방의학을 공부하며 의료 활동을 하고 있던 미국인 여의사 모건은 어느 날 원주민 오스틀로이드 족의 초대를 받고 무척 기뻤다. 호기심에 찬 그녀는 통역자의 지프를 타고 먼지를 뒤집어쓰며 내륙의 사막에 있는 그들의 거주지를 향해 달린다. 창고같이 생긴 오두막 집엔 스스로 '참사람 부족'이라고 부르는 60여 명의 남녀 원주민들이 손님을 기다리고 있었다. 그러나 그녀가 궁금해 하던 그들의 요리를 차려 놓은 식탁 같은 것은 보이지 않았다. 그들은 곧 손님을 데리고 대륙 횡단여행을 떠날 참이었다. 원주민들의 이 계획을 손님만 모르고 있었으니 초대가 아니라 선의의 납치였다.

여행을 떠나기 전 손님을 위한 정화의식이라는 것이 진행되었다. 손님은 원주민들과 똑같이 담요처럼 생긴 한 장으로 된 낡은 천으로 몸을 가리도록 권유 아닌 명령을 받는다. 여자 하나가 악의 없는 미소로 여의사와 눈을 맞추더니 손님이 지녔던 모든 것을 몽땅 모닥불에 던져 버리는 것이 아닌가. 초대를 받고 적지 않은 돈을 투자해서 장만한 투피스와 구두, 국제운전면허증과 노란 호주 지폐가 들어 있는 핸드백, 오늘의 이벤트를 담아 가려고 준비해 온 카메라, 다이아몬드가 박힌 손목시계 등 그녀의 몸으로부터 모든 것이 떨어져 나갔다. 말 그대로 정화의식이었다.

여의사 모건은 이 정화의식이라는 것에 현기증이 나도록 놀랐으면서도 왜 항의하며 모닥불로부터 자신의 소지품들을 끄집어내지 않았는지 지금도 알 수 없다고 회고한다. 물질에 대한 애착, 관념에 대한 집착을 가차 없이 떼어 버리는 순간에야 비로소 참다운 인간으로 거듭날 수 있음을 깨달은 것은 그녀가 원주민들과 함께 수개월 동안의 여행을 마치고 난 후의 일이었다. 보름달이 세 번 찼다가 기울어지는 넉 달 동안 그들과 함께 걸었던 사막의 여행에서 다이아몬드 박힌 금줄 시계 같은 것은 조금도 필요하지 않더라고 했다.

그들과 함께 맨발로 사막 위를 걷던 백인 여의사가 발바닥의 고통을 호소할 때 그들은 여의사에게 '무탄트'라는 별명을 지어 주었다. 무탄트는 원주민 언어로 돌연변이라는 뜻이다. 이제 그녀의 이름은 모건이 아니라 무탄트가 되었다. 인간이 정글에서 맨발로 사냥을 해서 먹고 살던 시대가 그리 오래 되지 않건만 우리의 발바닥 세포는 발 빠르게 진화

해서 돌연변이를 일으켰다. 고급 신발을 신고 아스팔트를 사뿐사뿐 걷는 동안 돌연변이들의 발은 점점 정글의 감각을 잃게 되었다.

원주민들은 사막을 횡단하는 동안 식량이나 잠잘 텐트를 지고 가지 않았다. 먹을 것도 입을 것도 걱정하지 말라는 성경 말씀은 곧 이들의 삶이 아니던가. 섭씨 40도가 넘는 기후에 물도 음식도 없이, 모든 것을 자연이 주는 대로 받아먹는다. 곤충을 만나면 곤충을, 나무 열매를 만나면 열매를 먹지만 언제나 다 먹어치우는 법이 없다. 번식을 위해서 필요한 것만큼 남겨 놓으며 그때마다 먹이에게 감사한다.

그들의 감사하는 마음은 매일 경전을 읽는 우리보다 더 진하다. 그들에게 기독교를 전도하려던 백인 선교사들이 식사하기 전 2분간 감사 기도를 드리라고 했을 때 그들은 의아해했다. 감사하는 마음은 그들의 혈관 속을 돌고 있는 유전자 형질 같은 것인데 2분간만 감사하라니. 더 많이 감사해야 할 사람은 선교사들이라고 생각했다.

200여 년 전 영국 안에 죄수가 넘쳐 감옥이 모자라게 되자 족쇄가 채워진 죄수들은 호주 대륙으로 이송됐다. 조용하던 호주 땅에 평화가 깨진 것은 이때부터. 원주민들이 수만 년 동안 살아온 기름진 땅을 백인들은 자기네 소유의 밀밭과 목장으로 만들어 버렸다. 초원을 빼앗긴 원주민들은 황무지의 오지로 갈 데까지 밀려갔지만 아무리 힘들어도 그들은 문명에 동화되지 않았다. 자연을 배반한 대가로 온갖 고통에 시달리는 돌연변이들의 변종증후군을 뻔히 알고 있는 원주민들은 절대로 문명 세계로 진입하려 하지 않았다. 평소에 원주민들에게 호의적인 미국인 여의사 모건을 이번 횡단여행에 강제로 참여시킨 데에는 사연이 있었다.

인간이 문명의 독을 먹고 돌연변이가 된 지는 기껏 수백 년에 지나지 않지만, 원주민의 삶은 5만 년 전으로 거슬러 올라간다. 그들은 5만 년 전의 그 사막을 지금도 맨발로 걸어서 이렇게 횡단하고 있는 것이다. 시시각각 조여 오는 문명의 압박에 굴복하느니 차라리 지구상에서 스스로 소멸되어 없어지기로 결심한 이들은 더 이상 결혼도 하지 않고 종족도 잇지 않기로 했다. 이 멸종의 결단을 세상에 알리고 지금까지의 참삶을 인류의 역사에 기록하기 위하여, 증인이요 목격자로서 백인 여의사 모건을 이번 여행에 동참케 한 것이다.

사막의 지평선 위엔 모건과 60명 원주민의 저벅저벅 발자국 소리뿐이었다. 그녀는 언어가 없는 침묵 속에서 원주민들이 주고받는 텔레파시의 소통을 보았다. 30킬로미터쯤 떨어진 곳에서 한 원주민 청년이 캥거루를 잡았는데, 메고 가기가 너무 무거우니 꼬리를 잘라도 되겠느냐고 족장에게 물어왔다. 텔레파시로 의사소통이 이루어지는 것이 문명인 모건에겐 몹시 신기했지만 그 '절대의 침묵' 속에서 감히 소리 내어 물을 수가 없었다. 나중에 통역자가 모건에게 설명해 주었다. 원주민들의 마음속엔 숨길 것도 거짓말도 들어 있지 않기 때문에 마음이 온전히 열려 있으며 이들에게 텔레파시의 소통이 가능한 건 놀랄 일이 아니라고 했다. 자연과의 완벽한 교감, 선지자의 양지양능良知良能 그것은 우리네 돌연변이들이 체험할 수 있는 경지가 아니다.

호주의 백인들은 원주민을 '재커루'라고 부르며 캥거루에 가까운 야만 취급을 하면서도 원주민들의 초자연적인 힘에는 은근히 두려움 같은 것을 느꼈다. 백인들이 경영하는 목장에서 가끔 원주민이 양을 훔쳐가도 백인들은 경찰에 신고하지 않는다. 원주민들이 하는 일은 우주의 허락을 받은 행동일 것이라고 믿는 눈치였다. 그러니까 백인들에게 원주민은 야만인인 동시에 미지의 세계와 접속되어 있는 영적 존재였다. 문명인인 여의사 모건이 원주민들의 가슴에서 그토록 감동을 느낀 것도 초월적 신비 체험 이외에 다른 것이 아니었으리라.

어느 시인의 말대로, 우리는 기술과 예술을 모두 art라고 쓰지만, 기술만으로는 예술이 될 수 없다. 예술이 되려면 자연을 얻어야 한다. 흔히 자연이 묻어 있지 않은 문명인을 '속된 교양인'이라고 부르는 까닭이다. 내 안의 속기俗氣를 털어내는 길은 자연과 은밀한 사랑을 나누는 길밖엔 없다. 호주 원주민들이 지상에서 영원히 사라진다 해도 우리들 무탄트들은 여전히 원주민들의 때 묻지 않은 영혼을 부적符籍처럼 가슴 한 녘에 은밀히 간직하게 될 것이다.

동물의 멸종에는 호들갑을 떠는 세상이지만 사막에서 자멸하는 원주민들의 비장한 결심에는 정녕 속수무책이란 말인가.

주황색
신호등

교통경찰이 우리 쪽을 향해 사인을 보내면서 다가온다. 다른 차량이려니 했더니 우리 차를 세운다.

"신호 위반하셨습니다. 면허증을 주십시오."

이럴 수가. 우리가 건널목에 진입하면서 동시에 파란 불이 꺼지고 주황색 불이 켜졌다. 운전대를 잡고 있는 아들도 황당한 표정이다. 나는 딱 부러지게 "신호 위반을 안했는데요"라며 면허증을 줄 수 없다고 거절했다. 교통경찰은 한심하고 딱하다는 듯이 우리에게 이렇게 말한다.

"주황색 불일 때 지나는 차량은 신호 위반을 인정하기만 하면 딱지를 떼지 않습니다. 신호 위반이 아니라고 우기시면 어떡합니까. 면허증을 주세요."

생각할수록 법치국가의 경찰관이 아니다. 운전자가 신호 위반임을 자인하면 그 이상 명백한 위반이 없거늘 어째서 딱지를 떼지 않는다는 것이며, 신호 위반이 아니라고 항의하는 사람에게만 괘씸죄의 딱지를 뗀다는 고백을 어쩌면 저리도 당당하게 토해 내는 걸까. 경찰관이 운전자와 기氣싸움을 하자는 것인가. 육만 원짜리 딱지를 건네주며 경찰관이 하는 충고다.

"하나 가르쳐 드리죠. 딱지를 끊지 않으려면 무조건 위반을 인정하세요."

옆에 앉은 아들에게 세상 살아가는 지혜를 보여 주지 못하고 안 끊어도 될 딱지를 끊고 말았다. 하지만 그 날 범칙금이 적힌 딱지보다 더 나를 우울하게 한 것은, 내가 싫어하는 나의 모습을 아들에게 들킨 것 같은 낭패감이었다. 나는 세상 살아가기 힘든 어쩔 수 없는 골인骨人인가.

골인이란 '뼈 있는 사람'을 의미하지 않는다. 앙상하게 뼈만 있는 사람이 골인이다. 중년이 넘어서도 너무 삐쩍 마른 체구는 찬바람이 돈다. 학창시절부터 플라톤을 우상처럼 섬기며 살아오면서 오로지 '고전적인 것'만이 존귀한 것이고 인간다운 것이라는 믿음은 세속적인 것에 대한 지나친 경계심을 키워 갔다. 그런데 어제부터인가 이렇게 딱 부러진 골인적 언행이 내 스스로 부담스러워졌다. 여기에는 내가 살고 있는 이 시대도 한몫 했을 것이다.

우리는 백인백색의 자기 표출이 개성으로 대우받는 다양성의 세상에 살고 있다. 그 안에서 죽기 아니면 살기 식으로 선악을 가리고 시비를 가리기보다는 '좋은 것과 덜 좋은 것'이라는 미학적 포용으로 살 수 있기를 바랄 뿐이다. 골인은 진리 앞에서는 우등생일지 모르지만 예술가로서는 부적격이다. 인간 본질의 무궁무진한 광맥을 찾아 헤매는 창작 예술을 골인의 영혼 속에서는 기대할 수 없다. 그래서 "예술은 진리보다 강하다"는 니체의 아포리즘을 곱씹고 있는 요즈음이다.

1900년에 타계한 니체가 그 스스로 예언한 것보다 반세기나 일찍 다시 태어났다며 지난 50년 동안 세상은 포스트모더니즘이라는 이름으로 꽤 떠들썩했다. 난해한 니체를 속속들이 알지 못하면서도 막연히 플라톤의 왕국으로부터 니체 공화국으로 여행을 떠나고 싶은 충동을 느낄 때가 있다. 테너가수 박인수 교수와 대중가요 가수인 이동원 씨가 함께 어우러져 정지용 시인의 〈향수〉를 처음 부를 때만 해도, 그리고 국민가수 이미자 씨가 일약 세종문화회관에서 공연을 가질 때만 해도, 고전적인 것만이 예술이라고 생각하던 많은 사람들이 의아해했다. 얼마나 많은 인류가 스스로 이루어 낸 자신의 지식과 학문, 종교와 인습에 의해서 꼼짝달싹 못하는 목적론적 노예가 되어 살아왔던가. 얼마나 많은 사람들이 자신의 내부에서 힘 솟는 자신의 도덕이 아니라 강자의 도덕인 고전적인 것에 복종하기를 스스로에게 강요했던가.

플라톤적 이상주의는 참으로 오랜 세월 동안 인본주의라는 이름의 옥좌에서 영광을 누렸다. 그러나 우리가 강자라고 생각하던 플라톤적 고전주의를 니체는 거꾸로 약자의 도덕이라고 불렀다. 인간의 내부에서 분출하는 생성의 꿈틀거림을, 매일매일의 삶 속에서 생성되는 아수라까지를 회피하지 않고 당당하게 긍정하는 용기를 니체는 오히려 강자의 도덕이라고 했다.

니체에 의하면 이 세상에 필요 없는 생명, 의미 없는 생명은 애시당초 창조되지 않았기에 '존재하는 것은 아무 것도 뺄 것이 없다. 없어도 될 것은 아무 것도 없다.' 이 얼마나 준엄한 삶의 긍정인가. 생성의 세계가, 하루하루의 삶의 소용돌이가 아무리 고통스럽고 불합리하고 허무하다 해도 인간은 그것으로부터 절대로 도망칠 수 없다. 그것은 극복의 대상이지 기피해서 될 일이 아니다. 그래서 니체에게는 이상주의자는 현존재를 기피하는 나약한 도피자일 수밖에 없다. 자신이 희생되는 와중에서조차 생을 기뻐하고 긍정할 수 있을 때 니체는 그것을 디오니소스적 긍정이라고 불렀다. 이쯤 되면 우리는 정말 플라톤과 니체 두 사람 중 누구의 인간학에 인본주의라는 이름을 붙여야 할지 혼란스러워진다.

'디오니소스'란 말은 도덕과 부도덕, 진리와 허위 같은 분별에 매달리지 않을 만큼 무섭고 당찬 언어이다. 세상 사람들이 정해 놓은 인위적인 모든 것들, 가치이든 도덕이든 그 무엇에 의해서도 구속받지 않는 해석 주체로서의 강자 그가 곧 니체의 초인超人이라면 사실 한 사람의 초인이 짊어져야 할 삶의 무게는 신의 그것보다 덜하지 않을 것 같다. 인간만사에 대한 해석은 궁극적으로 인간을 만든 신의 영역이 아닐까 싶어서다.

물론 작품 속의 픽션이긴 하지만 어느 작가의 지적대로 도스토옙스키의 『죄와 벌』에 나오는 라스콜리니코프가, 이 세상에 살아 있어야 할 한 푼어치의 가치도 없다고 단정해 버린 전당포 노파를 살해하는 순간 라스콜리니코프의 초인 정신은 박살이 나지 않던가. 초인과 골인의 닮음과 다름이 무엇일까 옹색하게 자문해 본다.

무더운 여름날 남들보다 두꺼운 유니폼의 정장 차림으로 거리에서 땀 흘리고 있는 교통경찰관에게 에어컨이 켜진 시원한 자동차 안에서 차창을 열고 던진 나의 첫 마디는 진위를 가리자는 결투자의 기세가 아니었을까. 주황색 신호일 때 교차로를 지나는 운전자는, 경찰관의 말대로 신호 위반자일 수도 있고 아닐 수도 있다.

나는 내일도 모레도 수없이 많은 주황색 신호등을 또 만나게 될 것이다.

맹난자

탱고,그 관능의 쓸쓸함에 대하여
봉선화

1942년 서울에서 태어나 숙명여고를 거쳐 이화여자대학교 국문과와 동국대학교 불교철학과를 수료하였다. 월간 〈신행불교〉 편집장과 계간 〈에세이문학〉 발행인, 한국수필문학진흥회 회장, 〈풍경소리〉 편집위원장, 〈월간문학〉 편집위원을 역임하였다.

저서로는 수필집 「빈 배에 가득한 달빛」, 「사유의 뜰」, 수필선집 「탱고 그 관능의 쓸쓸함에 대하여」, 「삶을 원하거든 죽음을 기억하라」, 「인생은 아름다워라」, 「라데팡스의 불빛」, 「만목의 가을」 등이 있다. 현대수필문학상, 남촌문학상, 정경문학상을 수상하였다. 국제펜클럽 한국본부 수필분과 이사, 한국문인협회 회원으로 활동하고 있다.

탱고, 그 관능의 쓸쓸함에 대하여

　봄이 이울자 성급한 덩굴장미가 여름을 깨운다. 아파트 현관문을 나서다가 담장 밑에 곱게 피어난 장미 꽃송이와 눈이 마주쳤다. 투명한 이슬방울, 가슴이 뛴다. 그리고는 알 수 없는 통증이 한 줄기 바람처럼 지나가는 것이다. 6월의 훈향이 슬며시 다가와 관능을 깨운다. 닫혔던 내부로부터의 어떤 확산감을 느끼게 되곤 하던 것도 그러고 보면 매양 그 무렵이었다.

　약속한 대로 나는 '예술의 전당' 앞에서 남편을 기다렸다. 아르헨티나에서 온 뮤지컬 〈포에버 탱고〉를 관람하기 위해서다. 내가 탱고를 보자고 제안했을 때, 그는 순순히 동의해 주었다. '순순히'라는 말 속에는 그렇지 않을 수도 있다는 뜻이 담겨 있는데 그것은 우리가 흔히 탱고를 관능과 외설, 즉 단정치 못한 어떤 것과 연관지어 생각하기 때문이다.

관능과 외설에 대한 사람들의 반응도 가지각색이다. 팔뚝에 붙은 거머리 떼어내듯 말은 모질게 하면서 속으로는 내심 그 진한 유혹의 잔에 취하게 되기를 원하며, 궤도 이탈을 꿈꾸기도 하고 심지어는 파괴적 본능까지도 일으키는 이들이 있었다. 이렇게 논리로 설명될 수 없는 일이 일어나며 때에 따라서는 그것이 미화되고 대상에 따라서는 인간적이라는 지지까지도 얻어내고 있는 것이다.

『악의 꽃』을 쓴 프랑스의 시인 보들레르의 수간獸姦에 얽힌 이야기나 아르튀르 랭보와 베를렌의 동성애 사건, 19세기를 떠들썩하게 했던 사르트르와 보부아르 여사와의 계약 결혼. 이들의 자유 선언에도 불구하고 성性에서 끝내 초월적이지 못했던 보부아르 여사를 떠올리면 성은 한 마디로 무엇이라고 단정하기도 어렵다. 그러면서도 꼭 알고 싶은 것이 성의 정체이다.

성의 철학적 성찰을 시도한 조르주 바티유는 "우리 인간을 그런 열정적 충돌과 무관한 존재로 상상한다면 우리 인간을 제대로 파악하지 못한 것"이라고 힘주어 말했다. 우리는 열정적 충돌과 결코 무관할 수 없는 존재, 사실 그것으로 해서 우리의 성이 동물적 성행위와 구별되는 것이 아닌가 싶기도 하다.

감각 기관을 통해 일어나는 우리의 욕망과 열정적 감정들이 빚어내는 갈망, 그리고 심리적 추구가 일으켜 내는 프리즘의 굴절 작용 같은 에로티시즘에서 동물의 것과 다르게 구분되는 인간의 성性을 찾아볼 수 있지 않을까 싶다.

성性, 나는 그 자체보다 성에 대한 심리적 반응에 더 관심이 모아진다.

감각의 비늘을 일으켜 세우는 우리 몸의 관능이 어떻게 하여 일어나며 어떻게 스러지는가? 생명의 에너지를 성의 에너지로 환치한다고 해도 다를 바 없다는 그 에너지의 본체는 무엇인가 하는 물음이 한때는 내게 화두였다. 백골白骨을 떠올리며 거기서 애욕愛慾의 공무空無함을 상상해 보기도 하였다. 그러나 목숨이 있는 한, 성性은 우리를 자유롭게 하지 않는다는 사실을 알게 되었다.

며칠 전 조간신문에서 '관능적 몸짓, 유혹의 노출'이라는 큰 제목 아래 소개된 〈포에버 탱고〉 댄서들의 사진을 보게 되었다. 열정과 관능의 댄스라고 세계의 언론도 극찬한 바 있었지만 무엇보다도 나는 솔직하고 아름다운 섹슈얼리티의 무대라고 한 그 선전 문구가 마음에 들었던 것이다. 사실상 섹슈얼리티에서 한 발자국쯤 멀어진 나이가 되어서인지 섹슈얼리티의 무대가 궁금해졌다. 기다리고 있던 무대에 조명이 들어왔다.

아르헨티나의 고유 악기인 반도네온(아코디언의 변형 악기)이 상징물처럼 무대 중앙에 설정되어 있고, 부에노스아이레스의 밤하늘에 슬픔의 고함처럼 울리던 그 반도네온의 선율이 오케스트라와 함께 울려 퍼지면서 댄서들의 춤이 시작된다.

말끔하게 턱시도를 차려입은 남성 댄서는 올백으로 붙여 빗은 머리에 거울처럼 반짝거리는 검정 구두를 신었다. 그런가 하면 여성 댄서들은 터질 듯한 앞가슴의 풍만함을 엿보이도록 깊게 패인 드레스를 입고 될수록 몸의 곡선을 강조한 타이트한 실루엣, 높고 뾰족한 하이힐. 거기다 내면의 외로움을 무시하듯 함부로 치장된 금속성의 액세서리와 머리에

꽂은 가벼운 깃털과 구슬핀의 섬세한 장식. 대각선으로 어깨를 맞대고 있는 남녀 댄서의 얼굴은 정지 신호에 걸린 듯 잠시 무표정하다. 투우사가 소를 겨냥할 때의 그것처럼 긴장감마저 든다. 그러나 빠르고 경쾌한 탱고 리듬의 스텝이 몇 번 어우러지더니 급한 회전을 이루며 이내 타오르는 장작불처럼 격렬함에 이르고 만다.

여성 댄서의 손이 남성 댄서의 목을 부드럽게 감싸 안는다. 입술이 닿을 듯 밀착된 가슴, 상대방을 갈구하는 듯한 눈빛, 마침내 남자의 손이 여자의 몸을 훑어 내리기 시작한다. 정교하면서도 감성적인 터치, 허벅지까지 깊게 터진 스커트 속으로 공격적인 다리의 움직임이 자유롭다.

탱고는 원래 '만진다'는 뜻의 라틴어 '탕게레'에서 비롯되었다. 그래서 이 춤은 파트너 간의 밀착, 혹은 좀체로 끊어지지 않는 터치에 그 중점을 둔다고 말한다.

새로운 삶을 찾아 부에노스아이레스까지 흘러 들어온 이민자들.

아프리카나 유럽 등지에서 떠나온 그들은 자신의 정체성과 스스로의 애환을 달래기 위해 밤이면 핸슨 클럽에 모여들었다. 거기에서 그들만의 고유한 춤이 시작된다. 국가는 춤을 법으로 금지하기에 이른다.

탱고는 관능을 고조시키는 북의 단순 반복음·원시성이 깃든 북의 반복음으로 시작된 룸바나 삼바의 기원에 그 뿌리를 둔다. 브라질계 아프리카 흑인 노예들이 아르헨티나에 전한, 그러니까 칸돔베스라는 춤이 탱고의 모체가 되는 것이다.

몸만큼 정직한 것이 있을까? 감정이 추운 것을 그들은 몸으로 부볐다.

아라베스크의 문양만큼이나 이국적이고도 음울한 도시.

부에노스아이레스의 좁다랗고 긴 골목의 회랑을 따라 걸어 들어가면 불 켜진 '탱고 바' 앞에서 소리쳐 손님을 부르는 한 젊은 호객꾼과 마주치게 된다. 중국 영화 〈해피투게더〉에서의 야휘(양조위 역)이다. 동성애자인 그는 보영(장국영 역)과 이구아수 폭포를 보러 아르헨티나에 여행 왔다가 돈이 떨어져 이곳에 억류되고 만다. 이민자와 다름없는 생활이 시작된다. 첫 번째 고통은 허기와 외로움, 그리고 분노와 섹스. 그들은 어디서부터 잘못된 것일까? 영화가 끝날 즈음에 한 사람은 고국으로 귀향하는데 한 사람은 그냥 주저앉고 만다. 손을 쓸 수 없는 질병처럼 되어 버린 자신의 삶을 끌어안고 절규하는 대목에서도 긴 가락의 흐느낌, 반도네온의 탱고 선율이 화면을 가득 채운다.

탱고는 남녀가 추는 춤이다. 유랑민의 허름한 방 안 구석, 두 마리 짐승처럼 사내 둘이 부둥켜안고 추는 춤은 탱고가 아니라 차라리 슬픔이었다. 그들은 영화의 제목처럼 행복하지 못했다. 나는 몸으로 풀어내는 그들의 언어를 읽어 내려가며 목 안이 아려 옴을 어쩌지 못했다. 부에노스아이레스의 낯선 항구, 적막한 그 마지막에 기대 선 것 같은 인생들로 해서.

"욕망과 외로움을 표현하는 데 이보다 더 우아하고 솔직한 작품이 있을까?" 〈뉴스위크〉는 〈포에버 탱고〉를 이렇게 평했다.

욕망과 외로움을 달래기 위한 스스로의 발열發熱, 고양高揚된 감정에 도달하려고 애쓰는, 그럼으로 해서 더욱 외로워지고 마는 탱고는 결국 외로운 몸짓의 형상화라는 생각조차 들었다. 화려한 복장과 경쾌한 음

악, 에로틱한 율동에도 불구하고 나는 왜 탱고를 관능의 허무와 동렬同
列에 두고 바라보게 되는 것인지 알 수 없다. 무대 뒤에서 화장을 지우는
배우의 심정처럼 처연해지는 것이다. 가면을 내려놓은 뒤 거울 속 자신
의 얼굴과 마주한 느낌이라고나 할까. 사물의 뒷모습은 때로 앞모습보
다 훨씬 본질적일 때가 있다.

그리하여 열광과 갈채, 그것이 사라진 텅 빈 객석이거나 아니면 소모
해 버린 뒤의 육체적 욕망의 쓸쓸함 같은 것. 이렇게 서로 다른 두 개의
얼굴을 탱고에서 보게 되는 것이다. 관능의 열락悅樂과 축제 속에서 다른
한편으로는 울고 있는 자신을. 그래서 탱고는 둘이 추면서 혼자인 춤. 무
표정한 얼굴의 속마음, 그 더듬이가 촉수觸手로 짚어 내려가는 내성적內
省的인 요소가 탱고의 본령이 아닐까 싶기도 하다. 그리고 그믐달보다도
더 매운 계집의 눈썹 같은 스타카토, 그 스타카토의 분명한 선線을 기점
으로 하여 안으로 파고드는 수렴收斂의 감정, 보다 철저하게 혼자가 되는
내성적內省的인 춤으로서의 탱고를 나는 좋아하게 되는 것이다.

지금 무대에서는 성장盛裝을 한 노년의 커플 댄서가 탱고를 보여 주고
있다. 경륜만큼이나 원숙하고 호흡이 잘 맞는 춤이다. 맞잡은 손을 풀어
놓고 잠시 멀어지는가 했더니 다시 공격적으로 다가와서는 폭력적인 정
사情事라도 벌이는 것만 같다. 그러나 마음을 주지 않고 돌아서는 여인
처럼 여성 댄서는 곧 분리된다.

오케스트라의 리듬에 맞춰 그들은 썰물과 밀물처럼 끌어당김과 떨어
짐의 동작을 되풀이하고 있다. 끝없이 이어지는 긴장과 이완. 철썩거리
며 해안가에 밀물처럼 굽이쳐 들어왔다가는 휘돌아 나가고, 나가고 나

면 다시 그 자리. 어찌할 수 없는 본원적인 자리일 터이다.

그럼에도 다시 거듭되는 단순 반복의 해조음海潮音, 관능과 외로움의 합주合奏. 제 몸에서 일어나는 조수潮水의 파고波高와도 같은 탱고 리듬, 그 슬픈 단조單調의 내재율內在律을 듣게 하는 것이다.

실체는 찾을 수 없으나 제 몸에 깃든 녹(鐵)처럼 다시 피어나는 관능의 노도怒濤와 해일海溢.

그것은 결국 우리로 하여금 맞닿을 수 없는 어느 허무의 벽을 짚게 하고야 말리라. 한 발자국 다가서면 또 한 발자국 비켜나는 자신의 그림자처럼, 어쩌면 몸이 도달하고 싶어 하는 지점도 끝내는 허구虛構가 아닐까 하는 생각이 들었다. 양파 껍질처럼 한 겹 한 겹 다 벗겨지고 나면 끝내는 망실亡失, 바로 그 발밑은 죽음의 계곡이 아닐까?

가서 맞닿지 못하는 허무虛無. 그리하여 나는 현란한 불빛, 탱고 음악의 물결 바다, 섹슈얼리티의 무대라고 한 거기 노련한 동작에도 불구하고 진정한 에로티시즘을 만날 수 없었다. 다만 서러운 포말泡沫과 다시 일으켜 세워지지 않는 관능, 노댄서의 이마에 돋은 힘줄을 보았던 것이다.

그것이 나를 스산하게 하였다. 탱고, 그 관능의 쓸쓸함이 나를 쓸쓸하게 하였다. 한 차례 탱고의 물결이 어렵게 지나갔다. 옆을 돌아보니 남편의 얼굴도 묵묵하다. 웬만한 일에는 좀체 고양되지 않는 우리들의 요즈음처럼.

객석에 불이 들어오고 나서도 우리는 한참 만에 그 자리를 떴다.

밤공기는 가을 하늘처럼 삽상하다. 돌층계를 막 내려서는데 불쑥 릴

케의 시구詩句가 발등에 와 닿는다.

    오! 장미여.
    순수純粹하나마
    서러운 모순矛盾의 꽃.
    (중략)
    이제는
    누구의 것도 아닌 외로움을
    고이 간직하고 있는
    아름다움이여.

나는 낮게 부르짖었다.
"누구의 것도 아닌 외로움을 고이 간직하고 있는 아름다움이여!"
만약 릴케 선생의 허락이 있다면 이 시구를 탱고에게 헌시獻詩하고 싶었다. 그러나 어쩌면 그것은 내 자신에게 보내고 싶은 말이었는지도 모를 일이었다.

봉선화

초가을 산정에 홀로 앉은 한 남자가 보인다. 그는 별밤에 이 노래 저 노래를 부르다가 밤이 깊도록 〈봉선화〉만을 되풀이해 불렀는데 배가 고파서 더 부를 수 없을 때까지 부르다가 지쳐서 잠이 들었다는 것이다.

법정스님의 수필 「초가을 산정에서」를 읽다가 나는 잠시 마음이 흔들렸다. 이 칼칼한 비구스님의 나직한 오열은 무엇이란 말인가?

스님은 '울밑에 선 봉선화야, 네 모양이 처량하다 …' 여기까지 부르면 내 마음엔 까닭 없는 슬픔이 밴다고 적고 있다.

비오는 날이면 모종삽을 들고 화단을 가꾸시던 아버지도 이 노래를 자주 흥얼거리곤 했다.

'어언간 여름가고 … 낙화로다, 늙어졌다 네 모양이 처량하다.'

인생 중도의 좌절로 말년이 고적孤寂했던 아버지도, 법정스님도 모두 고인이 되셨다. 그런데 요즘 이 노래가 내 가슴속에서 맴돌고 있는 것이다.

눈감으면 어릴 적 우리 집 화단에는 채송화, 분꽃, 봉선화, 샐비어가 줄지어 피어 있었다. 아버지에게 받은 유일한 선물이지 싶다. 가을 화단과 아버지. 여름이 저무는 쓸쓸한 폐원과 그것을 지켜보던 내 마음속엔 무상감無常感이 싹트고 있었다. 그로부터 반세기가 훌쩍 지났다. '낙화로다'의 탄식은 이제 생명에게 보내는 엄중한 경고며 삶을 힘껏 사랑하라는 울림으로 다가온다.

2010년 3월 12일.

법정스님은 입던 옷 그대로, 관棺도 없이 대나무 평상에 실려 가사만 덮은 채 쌓아 놓은 장작더미 사이로 운구 되었다. 점화가 시작되자 불꽃은 이내 활활 타올랐다. 누군가 '화중생연火中生蓮'을 크게 외쳤다. 불 속에서 연꽃으로 피어나라는, 즉 죽되 죽지 않는 법신(法身: 진리의 몸)의 연꽃으로 피어나라는 말씀인 것 같다.

나는 다비 장면을 텔레비전으로 지켜보면서 무언의 작별을 고했다.〈불교신문〉입사를 위해 스님과 마주앉은, 40여 년 전 내 모습도 떠올랐다. 만감이 교차했다.

봉선화와 연꽃.

무상無常과 영생永生

그것은 우리 가련한 존재와 불멸不滅의 존재에 대해 생각하게 했다. 그리고 생사生死와 생사를 넘은 화두로서 다가왔다.

소슬한 바람에 끌려 오랜만에 산정엘 올랐다. 먼 산과 마주하고 있자니 별안간 스님의 엽서가 생각났다. 안거를 마친 뒤 나그네 길에서 보내준 엽서였다. 언덕 위에 별(★) 하나를 그려 놓고 그 밑에 '어린 왕자가 다녀간 자리입니다' 라는 짧은 글귀였다.

다녀간 자리, 그 자리를 더듬게 되는 날이 많아진다.

어디로 가셨을까?

오두막에서 홀로 땔감을 구하고, 밭을 일구며 맑게 존재한 한 영혼, 엽서 속으로 들어가 그대로 별이 되었는지도 모르겠다.

아무나 가난하게 살 수 없다는 말씀. 그 '청빈의 향기'를 나는 오늘 아침 그 분의 육성으로 듣는다.

강추자

우리는 어디서 왔으며, 우리는 무엇이며, 우리는 어디로 가는가
어둠, 그 황홀한 빛남

1943년 서울에서 태어나 숙명여고와 이화여자대학교 국어국문학과를 졸업하였다. 1977년 〈동아일보〉 신춘문예에 희곡 「고양이 쥬리는 어디로 갔을까요?」, 1980년 국립극장 장막극 공모에 「공녀와 아실」이 당선되었다.
저서로는 희곡집 「고양이 쥬리는 어디로 갔을까요?」가 있다. 1982년 희곡 「당신의 왕국」으로 대한민국 문학상 신인 우수상을 수상하였다.

우리는 어디서 왔으며, 우리는 무엇이며, 우리는 어디로 가는가

〈우리는 어디서 왔으며, 우리는 무엇이며 우리는 어디로 가는가?〉 이 것은 소설 제목이 아니다. 풀 고갱이 죽기 5년 전에 죽기를 각오하고(그는 자살 미수에 그쳤다) 마지막으로 그린 그림의 제목이다.

그는 프랑스 후기 인상파, 아방가르드 화단에서 한창 알아주던 화가였다. 그런 그가 갑자기 세상의 영화를 뿌리치고 남태평양 폴리네시아의 마르키즈 제도의 한 작은 열대 섬으로 떠났던 것이다. 그는 왜 온갖 영화를 버리고 원시元始로 내달았을까? 고갱이 타이티 행을 결심하게 된 계기는 1889년 파리에서 열린 만국박람회 때문이었다고 한다. 자바 섬 원주민의 춤을 본 고갱은 문명 이전의 순수한 인간의 모습을 발견하고, 그것을 찾아 남태평양으로 떠났던 것이다.

그런 그가 1903년 5월 8일 야자수 나뭇잎을 얼기설기 엮어 지은 집 안, 변변한 가재도구도 없이 화구畵具들만 나뒹구는 그 곳에서 혼자 숨을 거뒀다.

그가 남긴 그 긴 이름의 〈우리는 어디서 왔으며, 우리는 무엇이며, 우리는 어디로 가는가〉라는 작품조차도 캔버스로 쓴 것은 매듭 투성이의 코코넛 운반용 마대를 잘라 나무를 끼워 만든 것이었다. 그러나 그림은 하복부만 '파레오'라는 둘둘 말아 입는 보자기형 옷을 걸친 반라의 건강한 타히티 여인과 아이들이 초록의 숲을 배경으로 한 몽환적인 아름다운 그림이었다고 한다.

원시로 회귀한 고귀한 야만인 폴 고갱.

그는 과연 인간에 대한 그의 의구심을 풀 수 있었을까? 그러면 그가 찾고 추구한 것은 과연 무엇이었을까?

나는 고등학교 때 어느 화집에서 얻은 폴 고갱의 그림을 작은 액자에 넣어 공부방 벽에 한동안 붙여 두고 있었다. 세련되지 않고 굵은 선들에서 왠지 신뢰감을 느꼈고 사심이 없어 보이는 남태평양 타히티 여인의 표정이 좋아서였다. 지금의 어렴풋한 기억에는 그가 입었던 빨간 파레오에는 하얀 커다란 꽃무늬가 있었고 투박스러운 얼굴 한켠에는 커다란 꽃 하나를 꽂고 있었던 것으로 기억된다. 그 뒤에 몇 명의 사람들이 옹기종기 모여 앉아 있던 뒷배경도 어렴풋이 떠오른다.

시커머틱틱한 얼굴, 아무것도 걸치지 않은 상반신은 한손으로 슬쩍 가린 포즈였다.

나는 그 그림을 바라보며 남태평양의 한 섬을 맘껏 거니는 상상을 했었다.

그러나 그때만 해도 그 곳에 원시인으로 회귀한 폴 고갱의 마음의 갈등은 전혀 짐작도 하지 못했던 것이 사실이다.

그는 그 곳에서 과연 "우리가 무엇인가?"를 알아내고 어디서 와서 어디로 가는지를 알아냈을까?

나는 지금으로부터 백년 전에 죽은 화가의 크나큰 미망迷妄에 동감하면서 그를 추모한다.

우리나라에도 1970년도에 김환기 화백이 〈어디서 무엇이 되어 다시 만나랴〉라는 긴 제목의 그림을 그린 것으로 기억한다.

제목은 약간 다른 것을 추구하는 것 같은데 결국 미망 속의 인간들의 존재를 재확인하는 작업이라 말할 수 있을 것이다.

아침 신문에 보니 바쁘게 살지 말라는 충고를 저명한 스님이 해주고 계시다. 또 시골로 이사가 주중 출강하는 날 외에는 호박 심고, 오이 심고 옥수수도 키우며 사는 남편 친구분 말씀은 스스로 가질 수 있는 내 시간이 서울 살 때보다 무척 많아졌다고도 하신다. 우리는 문명이 발달하면 할수록 그 속도만큼 피곤하게 살아야만 한다.

일찌감치 그때의 문명文明조차도 버거워하며 훌훌 벗어 던지고 인간 본연의 모습을 찾아갔던 폴 고갱의 지혜가 놀랍기만 하다.

우리가 추구하는 세계는 과연 어느 것이 제일 인간답고 바른 것인가?

인간답게 산다는 것은 과연 어떻게 살아가야 하는 것인가? 그렇다면 또 참 인간人間이란 무엇인가?

그의 유언장이 된 〈우리는 어디서 왔으며, 우리는 무엇이며, 우리는 어디로 가는가〉라는 그림은 원작이 미국 보스턴미술관에 소장되어 있다고 한다.

언제 미국 보스턴엘 가면 제일 첫 번째 할 일로 폴 고갱의 그림 보러 가는 것을 꼽고 있다.

그의 그림은 내게 과연 무엇을 보여 줄 것인가? 나는 거기서 무엇을 찾아낼 수 있을 것인가?

어둠,
그 황홀한 빛남

나의 시원始原인 너 어둠이여
나는 너를 불꽃보다도 좋아한다.
불꽃은 세계를 한계 짓고
어느 일정한 범위를 비추지만
그러나 그 범위 밖에서는 그 어느 것도 불꽃에 대해 알지 못한다.

「나의 시원인 어둠」이란 시에서 릴케는 어둠을 찬미한다.
 밤의 모체로서의 어둠은 무의미한 현상인 밤에게 황홀한 의상을 입히고 특이한 향기가 나게 입김을 불어 넣는다.
 사실 나는 무척 밤이 좋다. 아침에는 일찍 일어나는 것이 괴로우나 밤에는 언제나 늦게까지 남아 밤의 모습을 훔쳐보는 것이 즐겁다. 어둠이 포근히 감싸 주는 은은한 등불 밑에서 한 권의 책을 읽는 기쁨을 그 무엇에 비길 것인가? 그리고 일상사에서 해방되어 누리는 그 자유는 또 얼마나 소중한 것일까? 그 다음에는 잘 수 있다는 편안함이 더욱 그 짧은 자유를 값지게 만드는지도 모른다.

  대학 시절, 입 안과 머릿속까지 가득히 모래알처럼 서걱이며 차오르던 알지 못할 허무와 허탈감. 그 때문에 나는 수많은 시간을 우주나 키르케고르나 도스토옙스키의 '어둠' 때문에 뒤척였다. 그래서 나는 「원형 무대」니, 「박쥐 라운지lounge」니 하는 어둠에 찬 시들을 써 제꼈었다. 그래도 머릿속에 이미 자리잡은 사막과 텅 비어 가는 공허한 가슴을 메울 수는 없었다. 나는 무척 갈증을 느끼고 있었다. 나는 갑옷을 챙겨 입는 병사처럼 무장을 하고 싶어 했다. 병사가 방패를 들어 적을 방어하듯이 나는 나를 방어하기 위해 사소한 관계들을 사슬을 끊듯이 끊어내려고 했다. 친하던 친구들이 모두 몰려가 서클을 만들어도 일체 끼어들지 않았다. 크고 작은 모임에도 되도록 끼어들지 않았다. 다만 혼자서 불빛을 지나 거기 그렇게 우두커니 서 있는 '어둠'의 일들을 골똘히 생각했다. 남들이 무심히 보는 그 어둑한 세계. 교신이 안 되는 무전기를 가지고, 나는 그 어둑한 세계를 향하여 SOS만 연방 보내고 있었다. 수신자는 도스토옙스키, 셰익스피어, 키르케고르, 릴케……. 물론 회신은 없었고, 기대는 깨어졌다.

  그러나 문득 뒤돌아보았을 때 군데군데 밝혀지는 등불의 아름다움을 보았다. 등燈의 아름다움과 따스함은 어둠의 검은 눈빛으로 인해 더욱 해말갛게 빛나고 있었다.

　어둠의 끝도 보았다. 궁극적인 어둠의 끝은 깊고 깊은 어둠을 간직한 죽음에 도달해 있었다. 그것은 어둠의 끝이었으며 또한 새로운 어둠의 시작이었다.

　그쯤에서 나는 어둠이 포옹하던 따스한 불빛(생명)들에 대한 애정의 경종 소리를 들었다.

　그 마지막 어둠이 이른 곳에는 엄숙한 아름다움이 둘레를 강강수월래 하고 있었다.

　그러나 나는 그 벼랑 끝에서 아스라한 빛살들을 기대하기 시작했다. '죽음' 그것은 황홀한 '어둠'의 빛남이다.

　우리 인간의 문화는 '생명의 죽음' 즉 '인간의 죽음' 때문에 부단한 노력 끝에 발전해 왔다고 본다. 정상에 오르고 싶어 하는 인간들의 욕망이 리드미컬하게 교체되어 가며 시대를 발전시켰다고나 할까? 어쨌든 어둠의 빛남으로 해서 많은 예술들이 이루어졌다고 생각한다.

　빛을 보내고 다소곳이 찾아오는 어둠은 이제는 어느덧 친숙해져 버린 손님이다. 객이 되어 오시는 나의 신(神)을 맞아들이듯 오늘도 나의 영원한 동반자, 어둠을 맞아들인다.

이영주

항아리의 삶, 사람의 삶
옳고 아름다웠던 박완서 선생님

강원도 철원에서 태어나 숙명여고를 거쳐 중앙대학교 신문학과를 졸업하였다. 〈충청일보〉, 〈미주 매일신문〉 기자와 월간 〈음악동아〉 뉴욕 특파원, 〈뉴저지 교포신문〉 편집국장을 역임하였다.
저서로는 수필집 『엄마의 요술주머니』, 『이제는 우리가 엄마를 키울게』, 『내 인생의 삼중주』 등이 있다. 중앙문학상, 제1회 해외 한국수필문학상을 수상하였다. 현재 한국수필문학진흥회 미동부지회 회장, 한국문인협회 회원, 한국여성문학인회 회원, 한국수필가협회 회원, 국제펜클럽 회원, 한국가톨릭문우회 회원으로 활동하고 있다.

항아리의 삶,
사람의 삶

　우리 집 거실에는 조그만 부엌용 옹기 3개와 새우젓 항아리가 하나 있다. 사람들은 그것을 볼 때마다 '값도 안 나가는 옹기를 왜 모셔 놓고 있지?' 하는 의아한 눈빛으로 쳐다본다.

　항아리들은 우리나라 최초의 옹기 장인으로 무형문화재에 오른 김복동 할아버지의 작품들이다. 오래 전 할아버지 생전에 딱 한번 열렸던 '부엌용 옹기 특별전'에서 구입한 것들이다. 세 개 중 가장 작은 것은 양쪽에 마치 손톱처럼 작은 손잡이가 달린 귀여운 모양새다. 팔지 않는 작품이라는 것을 세 시간 동안 졸라서 겨우 손에 넣었다. 그 후 그 항아리는 내 애장품 중의 애장품이 되었다.

　내가 다닌 모교의 동창회관 옆 공지에 커다란 항아리들이 즐비한 장독대가 있어 모교에 갈 때마다 묘한 감동을 주곤 했다. 중학교 1학년 때 우리 반 담임이셨고, 훗날 교장도 역임한 이정자 선생께서 기증한 것이라고 했다. 옹기에 대한 나의 관심은 아마도 모교의 장독대와 김복동 할아버지의 전시회로부터 시작되었는지도 모르겠다.

서울 근교 헤이리의 '한향림 옹기박물관'은 우연히 가보게 되었다. 한향림 박물관장이 마침 후배 친구여서 관장의 안내로 자세한 설명을 들을 수 있었다. 우리나라 옹기가 지방에 따라 다른 형태로 발전해 왔다는 사실이 흥미로웠다. 지방별로 분류해 전시한 모습만 훑어보아도 옹기들의 모습이 그렇게 멋스러울 수가 없었다.

그 중 가장 먼저 눈에 들어온 것은 전라도 지방 옹기였다. 전체적으로 둥글면서 배보다 어깨가 더 튀어나와 밑으로 갈수록 좁아지는 자태가 풍만한 여인의 모습처럼 뇌쇄적이었다. 미인을 '달덩이' 같다고 표현하는데, 그래서 전라도 옹기를 '달항아리'라고 부르는가 보다. 둥글면서도 깊은 뚜껑도 인상 깊었다. 항아리 무늬는 수많은 파도 무늬나 수염 난 잉어며 벌과 나비가 꽃에 날아드는 모양새까지 마치 사실적인 예술작품처럼 화려하여 역시 예도藝道는 다르구나, 감탄하지 않을 수 없었다.

내가 태어난 강원도는 산이 높아 일조량이 짧다. 해를 많이 받아들여야 하니 옹기 입이 넓고 어깨의 경사가 심하면서 배도 부르지 않다. 크기도 다른 지방에 비해 왜소해 보이고 소박한 편이라 괜히 보는 나까지 위축되는 느낌이었다. 그러나 강원도가 산악지방이라 이동하기에 편리하게 하기 위해서 크기가 작았다는 설명에 어깨가 저절로 펴졌다.

서울과 경기도 지방의 옹기도 그 모양이 길고 배의 폭이 좁고 날렵한 것이 강원도 것과 비슷한 몸매다. 크기만 조금 더 클 뿐이었다. 배지름에 비해 입이 넓은 이유는 직사광선이 남쪽보다는 강하지 않으므로 열을 차단할 필요성이 덜한 까닭이라고 한다. 그저 단순한 생활 집기로 생각했던 옹기에 이렇게 지혜로운 과학이 존재하는 줄 몰랐다.

충청도 옹기는 누가 양반 아니랄까봐 목이 높았다. 입과 바닥의 지름이 비슷하면서 경기도나 강원도 옹기보다 배가 부른 편이다. 무늬는 난초나 기러기 등 단순한 편이었다.

경상도 것은 크고 둥글어 전라도와 비슷해 보이지만 배가 불룩하게 쳐져 있고 바닥이 입보다 좁은 뚱순이다. 제주도는 토질에 철분이 많아 옹기가 별로 발달하지 않았다고 한다. 물을 길을 때 사용하는 주둥이가 좁은 '물허벅' 이 대표적인 옹기다.

생활 구석구석에서 이용되었던 우리 고유의 옹기는 사전적 해석으로는 '질그릇' 과 '오지 그릇' 을 총칭하는 말이다. 삼국시대 이전부터 장류나 술, 곡식 등의 저장고로 옹기가 사용된 기록이 있다고 한다. 옹기를 만드는 진흙은 공기를 빨아들이고 습기를 밖으로 내보내는 등 숨을 쉰다. 더군다나 가마 안에서 구울 때 생긴 검은 연기가 옹기에 박혀 방부제 역할까지 하니 발효 음식이 많은 우리나라에서 이보다 더 훌륭한 저장용기는 없었을 것이다.

내가 흥미로웠던 대목은 옹기가 흙으로 돌아가는 그릇이라는 점이다. 옹기는 산에서 채취한 찰흙으로 빚어 부엽토와 재와 물을 섞은 잿물 유약을 발라 굽는다. 그러므로 인체에 전혀 해롭지 않고, 조심해서 사용하면 천년도 사용할 수 있다고 한다. 그런데 한번 파손되면 그것으로 끝이다. 깨어진 옹기는 땅에 묻히면 그대로 다시 흙이 된다고 하니 말이다.

그리고 보니 옛 유물을 발굴했을 때 도자기가 나왔다는 소식은 들었어도 옹기가 발굴됐다는 이야기를 들어본 적이 없다. 자기의 역할이 끝났을 때 다시 자연으로 토화土化되는 옹기의 일생이 우리 인간의 인생사와도 같다는 생각에 문득 가슴이 뭉클해진다. 옹기처럼 살아생전에 좋은 일만 하다가 흙으로 돌아간 사람이라면 더 비슷할 것이다.

결혼 후 끼니를 준비할 때마다 장독대를 오르내리곤 했다. 된장이든 고추장이든 깨끗이 떠와야지 조금이라도 항아리 벽에 묻혔다가는 시어머니께 혼이 났다. 매일 새벽마다 장독대를 깨끗이 닦는 것도 내 몫이었다. 그땐 그 일이 몹시 싫었다. 그런데 요즘은 그 장독대가 그립다. 겨울날 시린 손을 참아가며 했던 장독대 청소가 그리운 추억이 되었다. 흙에서 나와 흙으로 돌아가는 같은 운명이라서 그런가 보다.

옳고 아름다웠던 박완서 선생님

　오늘, 댁에 전화를 걸었다가 도우미 아주머니로부터 선생님께서 새벽에 세상을 떠나셨다는 소식을 들었습니다. 메일을 보낼 때마다 웬만하면 답장을 해주시던 선생님께서 답신이 없으시고, 큰따님 원숙 씨마저 소식이 없는 것이 마음에 걸려 그냥 안부나 여쭙자고 걸었던 전화였습니다. 그런데 청천벽력 같은 소식을 듣게 될 줄은 상상조차 하지 못했습니다.

　선생님을 마지막으로 뵌 것이 지난해 9월 11일이었지요. 그 날 워커힐 중국식당에서 선생님의 팔순잔치가 열렸습니다. 가족 행사였지만, 선생님께선 가족 같은 친구라고 하여 저와 도예가 김기철 선생 부부를 특별히 초대해 주셨습니다. 분홍색 한복에 얼굴이 소녀처럼 볼그레하시던 선생님의 유난히 고왔던 모습, 셋째 사위인 권오정 박사께서 "자녀분들을 모두 훌륭하게 키우셔서 선도 보지 않고 데려간다는 귀한 셋째 따님을 제게 주셔서 감사합니다" 하고 인사말 하던 모습이 아직도 생생합니다.

그 날은 비가 몹시 쏟아졌지요. 김기철 선생 내외분은 그 우중에 곤지암에서 버스를 타고 오셨습니다. 김기철 선생께선 선생님 칠순 때 처음 뵈었다지요? 김 선생께서는 그때 선생님께서 살아계신 동안 된장을 대주겠다고 약속하셨다면서, 앞으로도 그 약속을 꼭 지키겠다고 하셨습니다. 그 약속대로 김기철 선생댁의 맛있는 된장을 오래오래 드시지 않고, 이렇게도 일찍 떠나시다니, 이 망연함을 어찌해야 할는지요.

처음 선생님의 신설동 집을 방문했을 때가 생각납니다. 우리는 한옥집 안방 아랫목을 덮은 알록달록한 이불에 발을 넣고 앉아 있다가, 선생님이 부엌 쪽문으로 들여보내 주신 뜨거운 동태찌개를 받아 후후 불며 먹었더랬습니다. 선생님댁 개성 음식은 선생님의 성품만큼이나 언제나 깔끔하고 맛깔스러웠습니다.

그 후 선생님께선 강남의 아파트로 이사를 가셨지요. 거실 한쪽 벽에 걸린 단순한 꽃그림을 제가 좋아하니까 "나중에 하나 얻어 줄게요" 하셨던 것 기억나세요? 언젠가 제가 그 약속을 지키지 못하셨다고 투정을 부렸더니 선생님께선 "그이 그림 값이 너무 비싸져서 입이 안 떨어져" 하시며 웃으셨지요. 그 그림의 주인이 바로 선생님보다 먼저 세상을 뜬 화가 김점선이었습니다. 그리고 보니 언젠가 원숙 씨가 운전하는 차로 선생님과 김점선 씨와 저, 넷이서 강원도 여행을 갔다가 남이섬에서 자고 왔던 일도 생각납니다. 그땐 넷이서 방갈로 한 방에서 자면서 애기꽃을 피웠었지요.

여행 이야기라면 선생님과 한비야 씨, 소설가 이경자 씨와 제가 함께 했던 중국여행이 단연 최고였습니다. 중국 유학 중이던 한비야 씨가 공부 끝날 즈음, 넷이서 북경에서 만나 기차를 타고 항주와 상해를 갔었잖아요. 밤중에 넷이서 달이 아홉 개 뜬다는 서호를 거닐며 선생님의 중국문학 이야기에 황홀했던 일, 운동장보다 더 큰 식당에서 선생님과 제가 테이블을 잡아 놓고 기다리고, 한비야 씨와 이경자 씨가 음식을 주문해 가져왔던 일도 선연하게 떠오릅니다.

흔히 개성 사람은 깍쟁이라고 하지만, 선생님은 제게 단 한 번도 깍쟁이셨던 적이 없습니다. 제가 서울에 갈 때마다 손수 밥을 해서 먹여 주셨습니다. 밖에서 맛있는 것 사준다고 해도 꼭 집에서 밥해 달란다고 촌스럽다고 놀리시면서도 제가 서울에만 가면 선생님께선 손수 빨간 냄비에 김치찌개 끓이시고, 제주도에서 갓 올라온 싱싱한 갈치를 구워 주셨습니다. 선생님께서 저를 그렇게 귀히 대해 주시니까 작년에는 큰따님 원숙 씨까지 저를 자기 집에 불러다 삼겹살 넣은 묵은지찜과 굴비를 구워 주었습니다.

아담한 선생님의 아천동 집을 저는 좋아했습니다. 노란색의 그 집 앞은 밤나무가 무성한 아차산 아닙니까. 선생님은 그 아차산을 넘어 워커힐까지 아침마다 하시던 산행을 좋아하셨습니다. 제가 너무 부러워 하니까 "우리 집에 와서 자고 같이 아차산 가자"고 하셨는데, 이제 그 황홀한 산행은 꿈이 되어 버렸습니다. 아천동 집 정원은 또 하나의 선생님의 작품이었습니다. 선생님은 계절 따라 피는 꽃나무는 물론 들꽃까지도 어디서든 구해 오셔서 그 정원엔 꽃이 지는 날이 없었습니다. 마당의 잔디밭도 선생님께서 손수 가위로 깎아 주셨습니다.

선생님께선 작년 여름 제가 치료차 서울에 갔을 때 삼성병원의 최고 의사를 소개해 주시기도 했지요. 그때 선생님께서 저의 기분 전환을 위해 경치 좋은 데 가서 바람도 쐬고 맛있는 것 먹자고 두 번이나 연락을 하셨는데, 제가 병원 가는 날과 겹치는 바람에 가지 못했던 것이 한스럽기만 합니다.

무엇보다 잊을 수 없는 것은, 선생님은 제 '문학의 어머니' 셨다는 사실입니다. 결혼 후, 문학과 멀어진 제가 삶의 힘든 고비에서 휘청거릴 때, 선생님께선 다시 글을 쓰라고 저를 다독여 주셨습니다. 선생님께서 하나 뿐인 아드님을 잃었을 때도 글 쓰는 일이 위로가 되었다면서, 제게도 글을 쓰라고 말씀하셨지요. 그래서였나요? 제 글이 출판될 때마다 선생님께선 기꺼이 발문을 써 주셨습니다. 뿐만 아니라 뉴욕 한인사회에서 제가 맡았던 이런 저런 일 때문에 원고를 청탁 드리면, 고료도 드리지 못하는 글까지 한 차례도 거절하지 않고 꼬박꼬박 써주셨지요.

선생님, 돌이켜보면 지난 40년 동안 선생님과 함께 만든 추억이 산처럼 높고 바다처럼 깊습니다. 제 딸들을 귀여워하셔서 서울에서 연주하면 티켓을 200만 원어치씩 사시던 선생님. 어릴 때 말라깽이였던 제 막내딸 안젤라를 볼 때마다 "안젤라는 안젤라! 하고 부르면 안 어울려. 안젤라 고년! 하고 불러야 해" 하시던 선생님의 장난기 넘치는 목소리가 지금도 귀에 쟁쟁합니다.

아, 이제 서울에 가면 누가 빨간 냄비에 김치찌개를 끓여 줄까요? 선생님이 계시지 않은 서울은 더 이상 제가 알고 느끼던 예전의 그 서울이 아닐 것만 같습니다. 하지만 선생님은 하늘나라에서도 이승에서 저에게 그러셨던 것처럼, 누군가에게 빨간 냄비에 김치찌개를 끓여 주시면서 따뜻하게 포옹해 주고 힘을 북돋아 주시고 계시겠지요.

　선생님, 하늘나라에서도 부디 행복하게 보내세요. 그리고 언제가 될지 모르는 훗날, 제가 그 곳에 가게 되면 다시 한 번 빨간 냄비에 김치찌개를 끓여 주세요.

　'옳고 아름다웠던 당신' 박완서 선생님을 문학의 어머니로 모셨던 이영주 올림

한혜숙

레인마니아
클로드치아리의 <첫 발자국>

서울에서 태어나 숙명여고, 서울의대 간호학과를 졸업하였다. 중고교 양호교사를 역임하였다. 2006년 〈에세이문학〉으로 등단하였다. 저서로는 수필집 『다월』(1~5집, 공저)이 있다. 현재 다월문우회 회장으로 있다.

레인
마니아

후배 혜영 씨와 나는 자유로를 달리고 있었다. 주변의 나무들은 어느새 짙은 녹음으로 변해 있었고, 햇살은 고슴도치처럼 두 눈을 찔러댔다. 오월인데도 날씨는 거의 한여름처럼 더웠다. 이런 날 늘 그렇듯 나는, 비가 오면 얼마나 좋을까 하고 생각하고 있었다. 그때 운전하던 그녀가 느닷없이 말했다. 마치 내 마음속을 들여다보고 있었던 것처럼.

"저, 비, 무지하게 좋아하거든요."

"어머! 나도 지금 비 생각하고 있는데, 어떻게 알았죠?"

"아까부터 죽 그랬는걸요."

평소와 달리 상대에게 속마음을 들켰는데도 쑥스럽기는커녕 오히려 신바람이 났다. 나는 '어머나, 제대로 만났네' 하며 박수를 쳤다. 그녀가 덧붙였다.

"저는 비라면 안개비에서부터 는개, 이슬비, 가랑비, 장대비, 작달비까지, 또 봄비, 가을비는 물론 겨울비까지 무슨 비든 가리지 않고 좋아해요"

나도 그렇다. 어떤 종류의 비라도 비만 오면 제물만난 물고기처럼 살맛이 난다. 마음보다도 몸이 먼저 알아차리고 좋아한다. 마른 화분에 물을 주면 시든 이파리가 윤기를 되찾듯이, 햇볕 아래에선 기진맥진하곤 하는 내 몸도 비만 내리면 생기가 도는 것이다. 몸의 기가 약해서일까 아니면 내면에 쌓인 열정을 식히려는 생리현상일까.

"나는 비 오는 날은 어머니 자궁 속 양수에 떠 있는 것같이 편안해지는데."

"어쩌면 그렇게까지……. 저는요. 새벽녘 잠자리에서 빗소리가 들리면 누군가의 품속에 안긴 것 같은 환상에 빠져들던데요."

"프랑스 작가 마르땡 빠주가 '비는 가끔 대상없는 사랑에 빠져들게 한다'고 했거든. 비가 오면 누군가를 사랑하고 싶은 마음이 슬며시 고개 들곤 하더라구. '비 오는 날 오후 3시'라는 옛 가요처럼 그 시간에 데이트 신청을 받는다면 위태위태할 것 같아요. 호호."

우리 둘은 마치 그때 비가 내리고 있기라도 한 것처럼 촉촉한 무드에 젖어들고 있었다.

"아침에 전깃줄이나 철창대에 맺혀 있는 빗방울을 보는 나의 눈동자, 수정구슬이 된 느낌이 들곤 하죠. 어렸을 땐 처마 밑 밤새 고인 낙숫물에다 발을 씻으면 발잔등 핏줄이 파랗게 드러나는 게 얼마나 신기해 보이던지."

"늙은 후에도 장마철 학교 운동장 모래처럼 해맑은 얼굴이면 얼마나 좋겠어요."

"그러게요. 초여름 비에 젖은 찔레꽃 같기도 하면서……."

비를 좋아하는 사람이라면 그 정도 욕심은 부려도 괜찮지 않을까 하는 생각이 들었다.

"가볍고 편한 우산을 사서 주위 사람들에게 두루 나눠 준 적이 있어요. 비올 때마다 날 생각해 달라고."

그러자 혜영 씨가 손을 내밀면서 말했다.

"재밌네요. 저도 하나 주세요. 그런데 선배님, 비가 계속 내리고 있는데도 비가 그리울 때는 없던가요? '그대가 옆에 있어도 나는 그대가 그립다'는 누군가의 시처럼 말예요."

"물론이죠. 비가 쏟아지고 있는데도 그칠까봐 조바심이 나곤 해요. 우산을 털며 실내에 들어가 볼일 보고 나왔는데 날이 개어 있으면, 잠시 가게에 간 사이 연인이 가버린 것처럼 울고 싶어지고, 해외여행을 다녀온 새 비가 많이 왔었다는 얘기를 들으면 어떻게나 약이 오르던지. 몇 해 전에는 '마른장마'라며 장마를 거른 적이 있었어요. 그때의 상실감이란. 그래서였나, 그해 여름은 전에 없이 마음이 가난했던 것 같아요."

"내가 비를 지나치리만치 좋아하니까 우리 선생님이 '취할 취醉' '비 우雨'자를 써서 '취우醉雨'라는 호를 지어 주셨지 뭐예요. 내 맘에는 꼭 드는데, 어때요?"

"취우! 비에 취한다는 뜻인가요? 참 괜찮네……. 훔치고 싶은걸요."

시간이 흐를수록 강해진 햇빛은 앞 차창 전면을 공략하고 있었다. 두 여자의 비 예찬을 듣고 있자니 속이 뒤틀려 주겠다는 듯이. 그러나 태양이 독해질수록 우리는 더욱 더 빗줄기를 갈망했다.

"이런 적도 있었죠. 퀸셋형 건물 엘비스기념관에서 하와이 공연 비디오를 보고 있었어요. 어느 순간 갑자기 천정에서 콩알 튀는 소리가 나는 거예요. 빗소리가 어찌나 강렬하던지 록큰롤 황제의 노래도 가볍게 녹다운시키더라구요."

"와, 한 번 가봐야겠네요. 저는 양철지붕을 얹고 뒷마당에 우엉이나 호박을 심고 창가에 오동나무도 있는 그런 집에 살고 싶어요. 우선 몇 해 전에 아파트를 일층으로 옮겼어요. 비랑 가깝게 지내려구요. 참, 선배님, 맨발로 빗길 걸어보셨어요? 저는 빗속을 달리다가 한적한 곳이면 구두를 벗곤 내려요. 그리고 걷지요. 그 촉감 정말 말로는 표현 못해요."

그런 이야기를 하고 있는 그녀의 옆얼굴을 보니 사람도 그러고 있으면 물을 길어 올리고 있는 나무처럼 싱싱해질 거라는 느낌이 들었다. 순간 몇 해 전 보았던 한 장면이 떠올랐다.

"어느 해 초여름이었나. 퇴근길에 갑자기 비가 쏟아졌어요. 그냥 집에 들어갈 수가 없더라구요. 구기동 한적한 길에 차를 세우고 아그네스 발차의 〈조국이 가르쳐준 노래〉를 틀었죠. 선율이 어찌나 구슬프던지 차창에 흐르는 빗물처럼 내 뺨에도 눈물이 흘렀어요. 그때였어요. 한 일곱 살쯤 되려나, 사내아이 하나가 우산도 없이 걸어가데요. 두 팔 벌려 하늘을 보고 몸을 좌우로 흔들기도 하고 빙그르르 돌기도 하면서. 굵은 빗줄기를 온몸에 그대로 맞고 있는 거예요. 마치 초원을 뛰노는 한 마리

어린 짐승 같았죠. 나도 뛰어나가고 싶은 마음이 간절했지만, 차마 못 하겠더라구요. 그러니 내가 과연 비를 좋아한다고 할 자격이 있는 건지 돌이켜보게 되더군요."

얘기를 나누다보니 혜영 씨의 비사랑은 퍽 적극적인 것 같았다. 그런 그녀에 비해 사람에게나 비에게나 뜨거운 마음은 꼭꼭 숨긴 채 수동적이기만 한 내 성격이 조금은 부끄러웠다.

"그나저나 혜영 씨. 달과 음악과 비를 두고는 도저히 죽을 수가 없으니 이를 어쩌지?"

"제 생각엔 비 오는 날 좋아하는 음악을 귀에 꽂고 깊은 숲속으로 걸어 들어가면 죽진 않고 사라질 수 있을 것 같은데요."

두 사람은 달리는 차 속에서는 물론 음악 속에서 커피를 마실 때에도, 냉면을 먹으면서도 노래 한 소절씩 주고받듯이 비를 찬양했다. 환상적인 자매 듀엣인 양.

서울로 돌아왔다. 차에서 내리려다 말고 내가 한마디 던졌다.

"어쩌면 비를 좋아하는 동호회도 있지 않을까요?"

"물론 있겠지요. 없으면 우리가 개설해요. 선배님."

"카페 이름, '레인 마니아'. 어떨까?"

"좋아요. 레인 마니아!"

나는 차에서 내렸다. 석양 속으로 사라지는 차의 뒷모습을 보면서, 벌써 속으로 다짐하고 있었다. '다음에는 비 오는 날 만나자고 해야지. 그리고 함께 팔당 호숫가로 가는 거야.'

클로드 치아리의 〈첫 발자국〉

　죽는다는 것이 그렇게까지 두렵게만 여겨지지는 않는다. 내게는 다만 영영 음악을 듣지 못하게 된다는 사실이 두려울 뿐이다.
　아주 어렸을 때부터 어머니가 좋아하시는 가요를 곁에서 들으며 자랐다. 여학생 시절에는 밤을 새울 정도로 팝송에 빠졌는데, 대학에 들어가도 크게 달라지지 않았다. 그러다 서서히 경음악 쪽으로 취향이 옮겨가더니 삼십대 중반부터는 고전음악에 조금씩 관심을 두게 되었다.
　가끔 음악회도 가고 음반을 구해 감상하기도 하지만 평소에는 거의 FM을 들으며 지낸다. 날마다 눈을 뜨면 라디오를 켜고 눈을 감을 때에야 끈다. 라디오를 통해 음악을 들으면 우연히 만나는 기쁨까지 더해져 감동이 배가 되기 때문이다. 친구가 예고 없이 찾아왔을 때의 반가움이 약속을 하여 만나는 것보다 더 큰 것처럼. 더구나 우연히 길에서 만났을 때엔 놀라움이 지나쳐 펄쩍펄쩍 뛰지 않고는 못 배긴다.

길을 가다가 좋아하는 음악을 듣게 될 때도 마찬가지다. 발걸음을 멈추고는 마칠 때까지 한참 서 있곤 한다. 주차를 해놓고 내리지 못하는 건 늘상 있는 일이고 그것이 버스 안이면 내려야 할 정류장을 지나칠 때도 여러 번 있었다.

이십여 년 전 뉴욕에 갔을 때였다. 뉴저지에 사는 동생 집에 머물면서 매일 혼자서 버스와 전철을 이용하여 시내를 돌아다녔다. 메트로폴리탄 뮤지엄을 관람하고 자유의 여신상에도 올라가 보고, 타워레코드점에 찾아가 음악을 고르기도 했다.

어느 날 맨해튼 중심가의 한 환승역에 내렸다. 난간과 계단들이 철골 그대로 드러나 있는, 마틴 스코세지 감독의 갱 영화에나 어울릴 법한 낡고 삭막한 역이었다. 나는 잔뜩 움츠러든 채 승강장을 향해 조심조심 계단을 내려가고 있었다.

그때였다. 어디선가 아련하게 바이올린 선율이 들려왔다. 비발디의 〈조화의 영감〉, 그것은 천상의 선율 그 자체였다. 우중충한 지하공간에 갑자기 눈부신 햇살이 쏟아지듯 환희를 느끼며 나는 홀린 것처럼 음악 쪽으로 이끌려갔다.

소리가 들려오는 곳은 선로를 사이에 둔 건너편 승강장이었다. 몇몇 사람들 사이에서 검은 연미복을 차려입은 거리의 악사가 바이올린 활을 켜고 있는 모습이 마치 이백 년 전 파가니니가 살아온 것 같아 보였다. 멜로디가 어찌나 달콤하던지 이제껏 내가 먹어본 어떤 솜사탕이나 머시

멜로도 어떤 소프트 아이스크림도 이보다 더 감미로울 수는 없었다. 음표들이 작은 나비가 되어 날아와 귀에 닿는 대로 경직된 나그네의 몸이 풀렸다.

그냥 있을 수가 없었다. 좀 쑥스럽기는 했지만 용기를 내어 10달러짜리 지폐를 꺼내 동전에 말아 연주자를 향해 힘껏 던졌다. 옆 사람들이 박수를 쳤다. 펼쳐 놓은 바이올린 케이스에 적중하지는 못했지만, 연주자가 이쪽을 보고 허리를 굽히는 모습이 보였다. 그 시간 이후 나는 몸무게가 반으로 준 것 같은 걸음걸이로 브로드웨이를 활보하고 다녔다.

요즈음 서울 지하철 5, 6호선에서 환승역을 알릴 때마다 흘러나오는 멜로디도 바로 이 곡이다. 그래서 이따금 지하철과 〈조화의 영감〉 사이에 어떤 인연이 있는 걸까 하고 궁금해질 때가 있다.

지난해 여름 아프리카로 여행을 갔을 때도 그런 경험을 했다. 여행 기간은 매일 보는 신문이나 늘 듣는 음악 같은 나의 일상과의 단절의 시간이기도 했다. 이국적인 풍경이나 독특한 문화를 접하며 경이와 감격에 정신이 빠졌다. 그 감동만으로도 나의 정서에 영양분이 충분히 공급될 거라고 믿었다.

그런데 그게 아니었다. 한 달 가량 지나면서 어느 순간 가슴속이 모래가 낀 것처럼 깔깔하게 느껴지는 것이었다. 좋아하는 음악을 듣지 못하는 내 마음속은 황무지나 사막보다 나을 게 없었다. 음악이라고는 버스나 음식점, 어딜 가나 끝없이 떠드는 랩이나 힙합뿐이었는데, 내 귀에 그건 소음으로만 들렸다. 여행의 즐거움이 슬슬 고역스럽기 시작했다. 이럴 줄 알았더라면 MP3에 음악을 담아 올 걸 하며 아쉬워했다.

돌아오는 비행기에서였다. 리시버를 끼고 기내 방송 사이클을 이리저리 맞춰 보았다. 어느 순간 부드러운 첼로 선율이 고막을 스쳤다. 그러자 갑자기 몸에 피가 돌기 시작하는 것 같았다. 그 나직하고 부드러운 선율은 오래 헤어져 지내다 공항에서 만난 그이의 품같이 반갑고 편안했다.

내가 길에서 만난 음악 중에는 죽는 날까지 잊을 수 없을 특별한 곡이 하나 있다. 꿈을 안고 결혼한 지 얼마 되지 않아 첫 부부 싸움을 했을 때의 일이다. 발단은 사소했다. 그러나 일생동안 행복을 책임져 주겠다던 남자가 어쨌든 그 날은 나를 가장 불행한 여자로 만들었다.

다음날 아침 출근길, 천길 낭떠러지 위를 걷는 기분으로 집을 나섰다. 직장 앞 버스 정류장에 내려서는데 귀에 익은 선율이 들려왔다. 순간 귀가 의심스러워 머리를 흔들었다. 클로드 치아리의 기타 연주곡 〈첫 발자국〉이 아닌가. 전파사 스피커에서 흘러나오고 있던 그 곡은 다름 아닌 남편이 연애시절 사준 음반에 실린 첫 곡이었다. 눈시울이 뜨거워졌다. 우연이라고 하기에는 너무나 필연 같은 우연에 나는 갈 길을 잊은 채 음악이 끝날 때까지 땅에 박힌 듯 서 있었다. 그 날 일하는 시간 내내 그 멜로디가 귀에서 떠나지 않았다.

퇴근길에 시장에 들러 그가 좋아하는 광어회를 뜨고 화이트와인을 한 병 샀다. 제법 무거운 짐을 들었는데도 지난밤 불면으로 심해진 목근육통이 씻은 듯 나아 있었다.

부지런히 식탁을 차리고 그 음반을 찾아 턴테이블에 걸었다. 내가 그 곡을 선택한 사연을 알 리 없는 남편이 와인 잔을 부딪치며 말했다.

"음악도 그만이네……."

사막에서 오아시스를 만나듯, 길을 가다가 만나게 되는 짧은 음악에서 팍팍한 삶에 힘과 맛을 더하곤 한다. 이럴 때마다 '음악 없는 삶은 인생을 무의미하게 한다. 나는 음악의 초월적인 힘을 믿고 있다'라고 말한 러시아의 지휘자 므라빈스키의 말이 떠오르는 것이다.

조유안

다시 춤을 추며
세 여자

서울에서 태어나 숙명여고와 한국외국어대학교 아랍어과를 졸업하였다. 2008년 〈에세이문학〉에 「세 여자」로 등단하였다. 저서로 『느티나무』(공저)가 있다. 현재 예지회, 느티나무문우회 회원으로 활동하고 있다.

다시
춤을 추며

 다시 '우리 춤'을 배우기 시작한 지 2년 남짓 되었다. 옷을 갈아입고 거울 앞에 서면 어린 날 그랬던 것처럼 지금도 설렌다. 징소리와 함께 구성진 구음口吟이 흘러나온다. 굿거리장단에 맞춰 발뒤꿈치로 무거운 듯 가볍게 바닥을 치며 버선코를 살짝 들어 올린다. 이렇게 살풀이춤이 시작되면 마음은 한없이 자유로워진다. 솟구쳐 오른 흰 수건은 허공에서 일렁이다 소슬한 바람 소리를 내며 떨어져 내린다. 흐느끼듯 느리게 풀어내는 가락을 타고 두 손으로 명주수건을 천천히 들어 올리는 순간은 언제나 간절하다. 마음속에만 있던 어머니가 수건과 함께 들어 올려져 허공에서 나를 바라보는 것 같다. 오래전에 돌아가신 어머니와 춤 속에서 교감하는 느낌은 참으로 특별하다.
 초등학교 2학년 무렵, 길을 가다 장구소리에 끌려 창 너머로 들여다본 그 곳은 별천지였다. 고운 한복을 입은 언니들이 선녀처럼 너울너울 춤추는 모습에 넋을 빼앗겼다. 무용이 배우고 싶어 안달이 난 나는 어머니를 조르고 졸라서 허락을 받아냈다.

무용학원에 가고 싶어 부리나케 학교에서 돌아오면 어머니는 정성껏 머리를 땋아 주셨다. 곱게 땋은 머리에 한복을 입고 거울 앞에 서면 정말 선녀라도 된 것 같아 마냥 설레었다. 선생님은 손수 장구를 치며 열심히 지도해 주셨다. 자그마한 체구에 눈썹이 유난히 짙었던 그 분은 당시로는 보기 드문 남자 무용 선생님이셨다.

춤은 생각처럼 쉽게 느는 것이 아니었다. 선배 언니들의 나긋나긋한 몸짓을 보면 몹시 부러웠다. 언니들처럼 추고 싶어 한 번도 빠지지 않고 열심히 배웠다. 어느 날 부터인가 춤사위에 장단이 스며드는 것이 느껴졌다. 신명이 나서 더 잘 추려고 하면 나도 모르게 몸에 힘이 들어갔다. 그럴 때면 선생님은 어김없이 질책을 하셨다.

"어깨 힘 빼. 힘 빼라구!"

지금 내가 배우고 있는 무용 선생님은, 동작을 가르치는 중간중간에 설명을 곁들이시곤 한다.

"춤은 예쁜 몸놀림이나 손동작만으로 되는 게 아니에요. 춤은 마음으로 추는 거예요. 멈춰 있는 것처럼 보이는 순간에도 배꼽으로 호흡하며 마음으로 춤을 추고 있어야 해요. 그래야 춤에 깊이가 느껴지거든요."

"등으로도 추어야 해요. 관객이 춤추는 사람의 등만 보아도 눈물이 날 수 있도록."

동작을 배우는 것 못지않게 이런 이야기를 듣는 시간이 소중하다. 보이는 것들보다 보이지 않는 마음이 더욱 중요한 것은 세상살이나 춤추는 일이나 다르지 않을 것이다.

어느새 자진모리 장단이 흐르고 있다. 조금 빠르면서 장쾌한 가락에 맞춰 수건을 힘차게 공중으로 뿌리며 오른쪽 왼쪽을 번갈아 빙빙 돈다. 어린 시절, 내가 처음이자 마지막 공연을 했던 날처럼.

무용을 배운지 4년 가까이 되던 초등학교 5학년 말쯤, 선생님은 발표회를 할 것이니 더 열심히 연습하라고 하셨다. 처음 갖는 공연 소식에 나는 한껏 들떠 있었다.

"무용은 이번 발표회까지만 하고 그만두거라. 이제 곧 6학년이니 중학교 입시 준비를 해야 되지 않겠니."

차분하게 말씀하셨지만 어머니의 목소리는 단호했다. 그 당시 중학교 입학시험은 요즈음 대학시험 못지않게 중요했다. 그것을 알기에 감히 저항을 할 수 없었던 나는 졸린 척 무릎에 얼굴을 묻고 소리죽여 울었다.

선생님은 이제 더는 춤을 배울 수 없게 된 나를 위해 독무獨舞를 마련해 주셨다. 내가 출 춤은 '수건춤'이었다. 수건을 미리 저고리 소매에 감추고 맨손으로 추다가 빙빙 돌 때 마술처럼 수건을 꺼내어 춤을 이어가는 안무였다. 연습 때는 공연 날이 기다려지기도 또 오지 않기를 바라기도 하는 복잡한 심정이었다.

공연 전날 밤, 자다 깨어보니 어머니가 내 의상에 스팽글을 달고 계셨다. 마치 자개처럼, 보는 각도에 따라 여러 색으로 빛나는 수많은 스팽글이 하늘하늘한 보라색 의상 위에서 별처럼 빛나고 있었다. 밤늦도록 그것을 다신 것은 당신의 딸을 돋보이게 하려는 의도도 있었겠지만, 날이 새면 마지막 춤을 추어야 하는 나를 위로해 주려는 선물이기도 했을 것이다.

  공연 날 어머니는 무대에 혼자 서 있는 나를 보며 입술이 바짝 타들어 갈 정도로 긴장하셨다고 했다. 그러나 나는 떨리기는커녕 눈부신 조명을 받으며 춤을 추는 그 시간이 꿈결처럼 황홀했다. 왼쪽 오른쪽으로 번갈아 가며 돌때마다 하늘거리는 보라색 치마는 나팔꽃처럼 활짝 피었다 지기를 반복했다. 춤이 끝나지 않기를, 그 시간이 영원하기를 바랐지만 야속하게도 음악은 끝나가고 있었다. 나는 수건을 바닥에 늘이며 빨려 들어가듯 무대 뒤로 사라져갔다.

  다시 거울 앞에 서는데 수십 년이 걸렸다. 눈 한 번 감았다 뜬 것 같은데 그 많은 날들은 다 어디로 가 버린 것일까. 되돌아보면 지난 시간들은 안개 짙은 날 언덕에서 바라보는 풍경처럼, 그냥 희미한 채로 뭉뚱그려져 있다. 숙제하는 것처럼 살았던 날들. 그래서 해야 할 것보다 하고 싶은 것을 하고 있는 이 순간이 더 없이 행복하다.

  다시 느린 굿거리 장단이 흐른다. 이제 살도 한도 다 풀고 춤을 마무리 할 시간이다. 지난 세월을 쓰다듬듯 수건을 쓸어 두 손으로 들어 올렸다가 천천히 내린다. 허공을 떠다니던 마음도 수건과 함께 살며시 내려놓는다.

세 여자

 12월은 어둠이 일찍 찾아오는 계절. 나는 우리 집 창에서 밖을 내려다본다. 버스정류장은 사람들로 붐비고 반짝이는 전구로 장식된 거리는 크리스마스 분위기로 들떠 있다. 특별히 기다리고 있는 것은 아닌데도 내 눈은 무의식적으로 버스에서 내리는 사람들을 하나하나 확인하고 있다. 그들 중에 혹시 딸애가 있나 싶어서다. 아침에 학교 가며 그 애가 던진 말이 생각나서 나도 모르게 웃음이 나온다.

 어머니에 대한 기억 가운데 겨울과 관계된 것이 유난히 많아서일까. 돌아가신 지 10년이 넘었는데도 겨울이 오면 어머니에 대한 그리움이 도지곤 한다. 세월이 약이라지만, 때로는 그 약으로도 잘 듣지 않는 병이 있는 것 같다. 요즘 들어 누구에게라도 "엄마!" 하고 부르며 어리광을 부리고 싶을 때가 자주 있기 때문이다. 그렇지만 이 나이에 도대체 누구에게 그런 어색한 짓을 할 수 있단 말인가.

문득, 나를 잘 이해해 주는 딸에게 그렇게 해보면 어떨까 하는 생각이 들었다. '장난인 것처럼 역할 바꾸기를 하자고 제안해 보는 거야. 재미있는 놀이처럼 말이야.' 이렇게 생각한 나는 어젯밤, 스무 살도 한참 넘은 딸에게 마치 유치원 아이에게 하듯 '역할 바꾸기 놀이'를 제안했던 것이다.

"당분간 네가 엄마가 되고 내가 딸이 되는 놀이를 하는 거야. 어때 재미있겠지?"

그 애는 잠시 내 눈을 들여다보더니 "그래" 하는 짧은 대답만 남기고 자기 방으로 들어가 버렸다. '왜냐고 물어보면 무어라고 대답할까.' 이런 저런 마음의 준비까지 하고 있었는데, 아무것도 묻지 않고 그냥 자기 방으로 가버린 딸이 서운하기만 했다.

그런데 오늘 아침 그 애는 마치 진짜 우리 엄마라도 된 것처럼 현관에서 내 엉덩이를 두드리며 "우리 딸, 엄마 학교 다녀 올 테니까 잘 놀고 있어. 에구, 우리 예쁜 딸" 하고 천연덕스럽게 말하며 나갔던 것이다.

나의 어머니는 170센티미터가 넘을 정도로 키가 크셨다. 그래서 동네에서는 '키 큰 아주머니'로 통했다. 맑고 흰 피부에 조금은 마르셨던 어머니는 연옥색 치마저고리를 즐겨 입었다. 좋아하는 것에는 끊임없는 관심과 열정을 기울이는 분. 그 열정의 대상 1호가 바로 나였다.

겨울이면 어머니는 아침마다 따끈한 세숫물을 내 방으로 날라다 주었다. 머리를 감을라치면, 문풍지 사이로 들어오는 바람에 감기라도 들세라, 양쪽 문 위에 국방색 미군 담요를 치고 대야에 더운 물을 가득 담아 연신 내방으로 나르셨다.

이른 아침 학교 가려고 마루에 나서면, 밤새 아랫목에 따뜻이 데워 놓은 운동화를 잽싸게 댓돌 위에 올려놓으시곤 했다. 눈이 소복이 쌓인 날, 그 신을 신고 눈을 밟으면 사각사각하는 소리와 함께 발에 전해져 오는 온기에 마냥 행복했었다.

혹시 숭늉 마시는 것을 잊고 나서는 날이면 내 이름을 부르며 숭늉 그릇을 들고 뛰어 오셨다. 동네 사람들이 들을까 창피했다. 그래서 있는 힘을 다해 냅다 뛰어서 얼른 긴 골목을 빠져나가곤 했다.

대학 초년생일 때였다. 슬픈 연인들의 이야기를 그린 영화 〈러브 스토리〉가 선풍적인 인기를 끌고 있었다. 나는 그 여주인공처럼, 청바지에 코트를 걸치고 가운데 가르마를 탄 긴 생머리로 눈 오는 거리를 걷고 싶었다. 그러나 청바지는 방정하지 못한 아이들이 입는 옷이라는 어머니의 선입견 때문에 입을 수 없었다. 공들여 기른 머리도 단정히 묶은 후에야 집을 나설 수 있었다. 나는 조롱에 갇힌 새였다. 그래서 더욱 자유롭고 싶었다. 어머니의 눈길이 미치지 않는 골목길을 돌아서자마자 머리 끈을 확 풀어서 샴푸 광고에 나오는 여인처럼 머리를 좌우로 흔들어 댔다. 그것이 그 시절에 내가 할 수 있는 유일한 반항이었다. 긴 머리를 찰랑이며 어깨를 곧게 펴고 또각또각 구두 소리를 내며 걸어가면 영화에서처럼 눈은 내리지 않는다 해도 나는 벌써 영화의 주인공이 되어 있었다.

나이가 차서 결혼을 하고 어머니 곁을 떠났을 때, 얻은 것은 작은 자유였지만 잃은 것은 어머니의 지극한 보살핌이었다. 식구들이 많은 시댁에서 일 년 남짓 생활 하는 동안 깨달은 것은, 이제는 보살핌을 받는 대신 보살펴 주는 것에서 행복을 찾아야 한다는 것이었다. 그러나 그러기에 나는 너무 어렸고 또 여렸다. 물을 마시지 않고 나와 문 밖에서 아무리 오래 서성여도 내 이름을 부르며 뛰어 나오는 사람은 없었다. 허벅지가 꽉 끼는 청바지를 입어도, 길게 기른 생머리를 묶지 않아도 아무도 간섭하지 않았다. 갈망하던 자유를 얻었으나 그 자유는 상상했던 것만큼 달콤하지 않았다. 긴 생머리로 눈 내리는 거리를 걸어 보아도 더 이상 영화의 주인공 같은 기분은 들지 않았다.

겨울이 되면 몸과 함께 마음도 추워진다. 몸은 따끈한 차 한 잔에도 따뜻해질 수 있지만 마음은 어떻게 해야 따뜻해질까. 창밖으로 흐르는 자동차의 붉은빛과 흰빛의 물결을 바라보다 문득, 과거의 유령이 크리스마스이브에 스크루지 영감에게 그랬던 것처럼, 나를 어린 시절로 데려가 주었으면 하는 생각을 한다. 그래서 내 어린 날의 어머니를 멀리서나마 보게 된다면 과연 내 마음은 따뜻해질 수 있을까.

과거로 날아가며 그는 나에게 어떤 장면을 보여 줄까. 졸린 눈을 부비며 댓돌 위에 있는 운동화를 가져다 아랫목에 묻어두고야 마음 편히 잠드시는 어머니를 보여 준다면, 내가 당신을 피해 재빨리 골목길을 돌아선 줄 모르고 숭늉 그릇을 들고 대문 앞에 서 있는 어머니를 보여 준다면, 과연 내 마음은 따뜻해질 수 있을까.

딸이 내린다. 정류장의 흐린 불빛으로는 얼굴을 알아볼 수 없지만, 내리는 몸짓만으로도 알 수 있다. 현관 문 여는 소리가 난다.

"우리 예쁜 딸, 엄마 많이 보고 싶었지?"

일부러 큰 소리로 말하며 들어오던 딸이 현관으로 나오는 나를 보자 활짝 웃으며 팔을 크게 벌려서 꼭 안는다. 그리고 등을 토닥여 준다. 따뜻한 손길 속에서 나는 알 것 같았다. 역할 바꾸기 놀이를 하자고 한 것에 대해 왜 묻지 않았는지를. 그 애는 이미 내 마음을 헤아리고 있었던 것이다.

딸의 어깨에 얼굴을 묻고 눈을 감는다. 어머니가 나를 안고 있다. 포근하다.

센서등도 꺼져 버린 어두운 현관에 우리 세 여자는 한동안 그렇게 서 있었다.

유희인

결혼
밑천이 된 교훈

1953년 서울에서 태어나 숙명여고를 거쳐 연세대학교 주거환경학과를 졸업하고 홍익대학교 산업미술대학원과 Tokyo Designers College에서 그래픽 디자인을 전공하였다. 2009년도에 〈신동아〉 논픽션 원고 공모를 통하여 『차고 나면 기우는 달』로 등단하였다.
광고대행사 (주)거손에서 근무하였으며 현재는 도서출판 계명사에서 출판기획을 맡고 있다. 수필집으로는 『팔순 시어머니 구순 친정아버지』가 있다.

결혼

대학을 졸업하고 일본어를 배우고 있을 때에 연세대학교 국문과 대학원으로 유학온 재일교포 청년을 선생으로 만났다. 독특한 사고방식이 하도 신기하여 교실 바깥에서도 만나다가 결혼에까지 이르게 되었는데 문화의 차이는 생각보다 심각했다.

나는 '시작이 반'이라고 믿는 토종 한국인이고 남편은 '마지막 한 걸음이 반'이라고 믿는 자칭 반쪽발이였다. 자영업을 하시던 친정아버지는 돈을 달라고 하면 언제나 내주셨는데 남편은 돈을 한 달에 한 번만 가져오는 급여 생활자였다. 월급날 이외에는 돈이 들어오지 않는다는 걸 실감하게 되기까지는 시간이 한참 걸렸다.

나는 어려서부터 교회에 다닌 기독교인인 반면에 남편은 "결혼도 해 보지 않고 아이도 키워 보지 않고 서른세 살에 죽은 사람이 어떻게 인생을 알겠느냐"고 말하는 비기독교인이다.

친정아버지는 음식을 가리지 않고 잘 드셨는데 남편은 '맛있게 먹을 수 있는 게 음식이고 배를 채우려고 먹는 것은 먹이'라고 했고 음식의 맛과 모양과 색깔과 향을 중시했다. 아침에 제일 먼저 눈에 띄는 옷을 입고 나가는 친정아버지와 달리 남편은 다음날 입을 옷을 전날 저녁에 다 갖추어 두고 잠이 드는 사람이었다.

지금은 웃으며 이야기할 수 있지만 그 당시에는 내가 시집을 잘못 왔구나 싶은 낭패감을 맛보며 지낸 날도 많았다. 같은 한국 사람들끼리 결혼했어도 이 정도의 갈등은 있었을 것이라고 자위하면서 문화적으로는 일본사람과 다름없는 남편과 30년을 지내왔다.

한류 붐 때문인지 벌써 수년 전부터 일본 사람들과의 국제결혼이 늘어났다고 한다. 그들 중의 많은 사람이 내가 겪었던 갈등을 겪을지도 모른다. 꼭 한일간의 국제결혼이 아니더라도 요즈음에 결혼식에 가면 축하를 하면서도 한편으로는 그 젊은 한 쌍이 앞으로 넘어가야 할 수많은 고개들이 생각나서 선임자로서 어깨를 두드리며 격려해 주고 싶어진다.

밑천이 된 교훈

천방지축으로 반쯤은 사내아이 같던 내가 숙명여중에 들어가 6년 만에 예비 숙녀가 되어 숙명을 떠난 지 30년이 훨씬 넘었다. 중·고등학교와 대학교를 졸업한 후, 결혼을 하고 아이를 낳아 기르는 동안은 고등학교 동창들을 자주 만날 기회도 없었다.

결혼 생활은 혼자 공부하고 결과에 대해서 스스로 책임지던 학창 시절과는 달리 내가 계획을 세우거나 제어할 수 없는 상황이 연이어 발생했다. 성장배경도 다르고 문화도 다른 남편과 만나서 조화를 이루며 살아가기가 쉽지 않았던 데다 집안일은 서툴고, 아이 기르기는 또 얼마나 힘들던지. 게다가 나이 들어 시작한 회사 일도 만만치 않았다. 이제 되돌아보면 육신적으로 가장 고단했던 때는 삼십대가 아니었나 싶다.

돌아보건대 가장 힘들었던 시절은 이틀 사흘씩 밤을 새우며 숙제하던 학생 시절도 아니고 광고회사에 다니며 마감 시간 맞추느라 철야 작업하고 새벽 세 시에 혹은 새벽 일곱 시에 퇴근하던 대리 시절도 아니고, 세 살, 여섯 살 먹은 두 아들과 악쓰고 씨름하다 애들 간식으로 주었던 삶은 고구마 쪼가리가 머리카락에 붙은 줄도 모르고 소파에서 깜빡 잠이 들던 삼십대 초반이다.

시댁 문화 따라가랴, 서툰 살림 익히랴, 개구쟁이 아이들 키우랴, 오르는 전세 값 쫓아가려고 돈 모으랴, 연애할 때와 달라진 남편의 태도에 적응하랴, 치장도 못하고 언제나 지쳐서 잠들곤 했다.

얼마 전에 후배들을 만났다. 후배라고는 해도 희끗희끗한 머리나 풍성해진 허리둘레 등 외모상으로는 같이 늙어가는 처지다. 그 중 한 사람이 다시 젊은 시절로 돌아가고 싶지는 않다고 했다. 지금이 딱 좋단다. 아이들 키우느라고, 집 장만 하느라고, 회사에서 승진하려고 아등바등 애쓰던 그 시절이 싫단다.

그 고단한 시절에 내게 큰 힘이 되어 준 것은 숙명에서 만난 친구들이었다. 비록 모이는 수가 많지는 않았어도 새삼스럽게 가리거나 꾸미지 않고도 마주할 수 있는 게 좋았다. 내 입장을 이해해 주는 친구에게서는 위로받을 수 있어서 좋았고, 내 입장을 이해하지 못하는 친구에게서는 냉철한 조언을 받을 수 있어서 좋았다.

더 이상 예전처럼 아이들 교육 문제에 매달리지 않아도 되고 집안 살림에도 어느 정도 이골이 날 때가 되니 그 동안에 넘어온 크고 작은 산들을 가끔 뒤돌아보게 될 때가 있다.

한 사람의 성격 형성은 여섯 살 이전에 이미 끝나 버린다고 한다. 그

만큼 어릴 때에 배우고 익힌 것이 일생 동안 미치는 영향이 크다. 그런 의미에서 청소년 시절에 숙명에서 심성 고운 친구들과 우리들에게 좋은 습관을 길러 주고 수업 시간 틈틈이 귀한 말씀을 해주시던 선생님들을 만난 것은 커다란 행운이라고 생각한다. 그 중에도 이예행 교장 선생님과 중학교 때에 영어를 가르쳐 주신 김인자 선생님의 말씀은 힘든 고비를 넘어야 할 때마다 나를 추진시키는 힘이 되었다.

언젠가 강당 청소를 할 때였는데 우연히 그 자리에 계셨던 교장 선생님께서 강당의 유리창이 깨지면 속히 갈아 끼우신다고 하셨다. 잘못된 일, 불완전한 상태를 곧 바로잡지 않으면 그 상황에 익숙해지기 때문이라는 것이다. 사실 그 말씀을 여러 번 하신 것도 아니고 처음에 들었을 때에는 별로 중요하게 생각하지도 않았던 일인데 살아가면서 두고두고 생각나는 말씀이 되었다. 부족한 채로 그저 그나마 그 말씀을 기억하기에 이나마 살고 있다. 이예행 교장 선생님의 말씀은 눈에 보이는 것뿐만 아니라 마음의 자세를 바로잡는 데에도 좋은 나침반이 되었다. 여간 정신 차리지 않으면 정돈되지 않은 환경, 품지 말아야 하는 마음에 익숙해지기 쉽다.

또 중학교에 입학한 지 얼마 되지 않아 만난 김인자 선생님께서 수업 시간에 "너희들은 우수한 학생들이다. 다른 사람에게 가능한 일이 너희들에게 불가능할 리가 없다. 누군가 해냈다면 너희도 할 수 있다"는 말씀을 해주셨다. 살다 보니 물론 그 말씀을 그대로 적용할 수 없는 상황도 있기는 했으나 "저 사람에게 가능한 일이라면 나도 할 수 있겠다"는 자신감은 오늘까지도 나를 추진하는 강력한 엔진이 되어 주었다.

마흔이 넘어 시작하게 된 두 어르신의 수발 경험은 『치매노인 돌보는 나의 동지들에게-팔순 시어머니 구순 친정아버지』라는 책이 되었고, 두 분이 돌아가신 이후에는 치매 노인을 돌보고 있는 가족들의 지지 모임에 강사로 나서게 될 때도 있다.

어르신 수발에 한창 바쁠 때에는 그저 코앞에 닥친 치매 문제만 눈에 들어오더니 나의 관심은 '치매'에서 '노년'으로, 다시 '가정'으로 옮아갔다.

그래서 요즈음에 치매 노인 수발 가족모임에서 주부들을 만나면 '자기와 가정을 사랑'하는 일은 '나라를 사랑하고 민족을 사랑'하는 근간이며 가정의 질서를 세우는 일은 나라의 질서를 바로 잡는 기틀이 된다고 강조하고 있지만 알고 보면 모교의 교훈이 내 강의의 밑천이다.

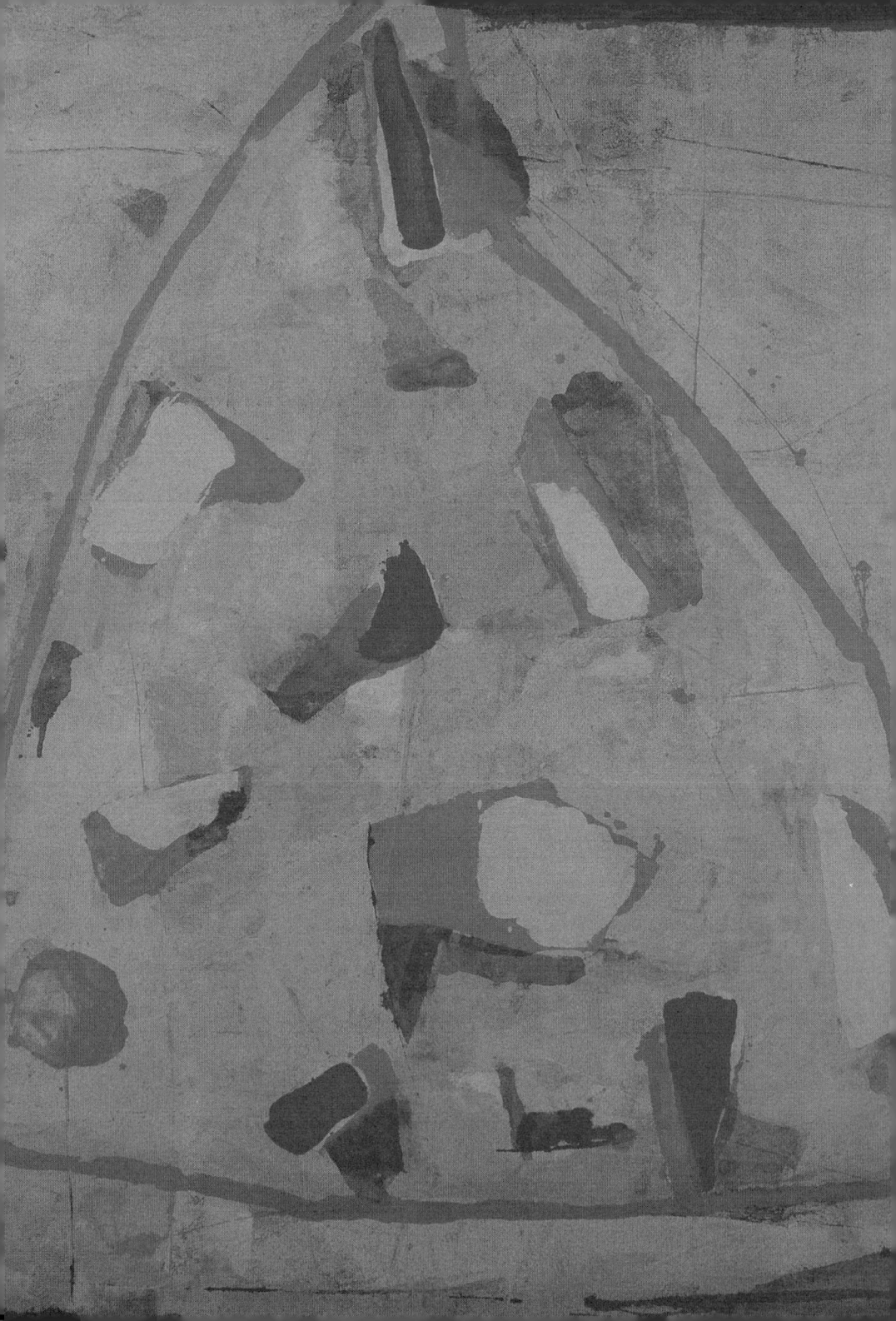

최순희

시간의방향
식탁

경남 고성에서 태어나 숙명여고를 거쳐 한국외국어대학교 영어과와 미국 남가주대학교 대학원 도서정보학과를 졸업하였다. 1991년 〈수필공원〉(현 에세이문학)에 천료되어 수필을 쓰기 시작했고, 2001년 『불온한 날씨』가 〈여성동아〉 장편소설 공모에 당선되어 소설을 쓰기 시작했다.

저서로는 장편소설 『불온한 날씨』와 소설집 『피크닉』(공저), 산문집 『딸이 있는 풍경』, 『넓은 잎새길의 집, 그리고 오래된 골목들의 기억』 및 수필선집 『그 집은 그 곳에 없다』 등이 있다. 2011년 현대수필문학상을 수상하였다.

시간의 방향

샤워를 하고 빈 거실로 나오는데 이층장 위의 흰 보자기가 눈에 뛰어들어온다.

엇, 아부지, 죄송……!

당황스레 몸을 가리며 웅얼거리고 나니 기분이 야릇하다. 아부지, 내겐 참 얼마나 생경한 호칭인가. 흰 보자기를 향해 아부지, 운운 뇌까리는 내 모습은 또 얼마나 엽기적일 것인가. 어쨌든 '아부지'는 엊그제 오십년 전에 헤어졌던 막내딸집에 오셨고, 며느리 품에 안겨 태평양을 건널 때까지 잠시 우리 거실에 머무르시게 된다. 흰 보자기에 싸인 나무상자로 말이다.

아버지의 고향, 남쪽 바닷가 마을에 조선소가 생겼다. 조용하고 아름다운 굽이굽이 만마다 그 부속품 공장까지 들어서게 되었다. 야트막한 산모퉁이 아버지의 유택도 도로확장을 위해 이장해야 한다고 했다. 이 참에 LA 공원 묘원에 계신 어머니에게 모셔가기로 의논이 되었다. 윤달 중으로 파장 날짜를 잡고, 때맞춰 다니러 나온 올케언니와 조카와 함께 내려가기로 했다.

인근 통영에서 하룻밤을 묵고, 아침 일찍 들이닥칠 인부들을 앞질러 마지막 성묘를 한다. 산소 위로는 이미 트랙터가 길을 내놓았고, 주변 잡목들이 마구 베어 넘겨져 입구를 찾아 들기도 만만치 않다. 여느 때는 으레 마을 초입 꽃집에서 국화를 샀었으나, 이번엔 꽃 대신 돌아가며 술을 한잔씩 올린다. 그리곤 셋이 나란히 빗돌에 기대어 무연히 바다를 내려다본다.

언니랑 나는 삐삐를 뜯으며 금잔디 언덕에서 놀고 있었다. 손에 흰 종이쪽을 든 할아버지가 갑자기 우리 집에서 나와 고모네 쪽 고샅길로 허둥지둥 걸어가신다. 키가 크신 할아버지의 휘청거리는 뒷모습을 우리는 놀라 멀뚱 바라본다. 그때 파아란 보리밭 위를 빙빙 맴돌던 솔개 한 마리. 서울 계신 아버지가 돌아가셨단 전보가 날아든 날은 온 세상이 평화롭게 조을던 그런 봄날이었다.

휘날리는 만장과 꽃상여는 울긋불긋 화려하여 더욱 처연했다. 아름다운 상여가 석류나무 기웃이 내다보는 옆집 장호네 담장을 돌아갈 때, 마을 어느 어린 각시가 "세상에, 이렇게나 많은 만장은 처음 보요!" 철없이 탄복하던 것도 기억난다. 그때 나는 갓 네 살, 상여의 주인은 고작 마흔둘이었다.

긍정적이고 낙천적인 기질의 내 안에 숨어 있는 허무의식에 조용히 소스라칠 때가 있다. 소용돌이치는 여울목 한가운데로 뛰어 들어가 치열하게 무언가를 하고 있는 순간에도, 다음 순간엔 모든 것을 미련 없이 손에서 놓아버릴 수도 있을 것 같은 냉정함 혹은 초연함을 느낀다. 이 세상에 영원한 것은 아무것도 없으며 애당초 아무것도 내 것이 아니라는 인식은, 사회적 관계들은 물론 때론 남편이나 자식마저 타자의 눈으로 바라보게 하는 것 같다. 사랑하지 않는 것은 아니면서도 내 안의 이 서늘한 거리두기는 어쩐 일인가. 나는 왜 이리 애착심이 없는가, 맹목적인 헌신이 안 되는가, 묘한 죄책감마저 맛보게 된다. 어쩌면 나는 맺어지고 풀어지는 관계의 허망함을 아주 이른 나이 적부터도 무의식적으로 깨우쳤던 것일까. 피로 맺어진 관계에 대해서마저?

아버지 산소에 처음 와본 것은 초등학교 5학년 때였다. 엄마와 세 언니들과 처음으로 다 함께였다. 큰언니가 산소 옆에 엄마와 동생들을 죽 세워놓고 사진을 찍었는데, 겨울이었던가, 우리는 모두 어느 연애영화 속의 김지미처럼 머리에 보자기 같은 '마후라'를 하나씩 싸매고 있었다. 언니들은 슬펐는지 몰라도 나는 어쩐지 좀 맹숭맹숭했고, 그래 내가 몹시 나쁜 딸만 같아서 아버지께 죄송했다. 지금 여긴 아부지 산소야, 그러니까 난 슬퍼해야 해, 슬픈 얼굴이 어울리는 거라구. 고개를 푹 숙이고 진지하게 슬픈 표정을 지으려 애를 썼는데, 언니는 남의 속도 모르고 자꾸 고개를 들어라, 얼굴을 펴라, 야단을 쳤다.

*

느그 아부지 장례 땐 나도 다 봤제. 객사라 화장 안 했나.

시골 살아도 파장 장면은 한 번도 본 적이 없다면서 친척 아재는 우리를 따라 나섰다. 원래는 아재 집에서 기다리다 유골함만 전달받기로 했었으나, 문득 현장을 직접 지켜보고 싶어졌던 것이다. 다시 올라가보니 인부들은 어느새 네모반듯하게 봉분을 파내고 구덩이의 흙을 퍼올리고 있었다. 흙은 고슬고슬 때깔 좋은 황토인데, 희끗희끗한 흙알갱이와 손가락만한 마른 나뭇가지 같은 것들이 잔뜩 뒤섞여 있었다. 인부가 나뭇가지를 하나 집어 내게 건네며 이게 뼈요, 했다.

여기 희끗희끗한 것들도 다 뼛가루요. 내 수많은 묘를 파봤지만 애기 때 돌아가신 아배 유골을 오십 년 뒤에 막내딸이 와서 손으로 만져가며 수습하는 경우는 처음 보요. 아암, 참 있기 힘든 일이제.

파장을 위해 달려오긴 했으나, 나야말로 아버지의 유골과 맞닥뜨릴 거라곤 전혀 예상 못했다. 지금쯤은 백골이 모두 진토되어 어디가 뼛가루고 어디가 흙인지 구별도 무의미할 터, 그저 봉분 속의 흙 한줌을 상징적으로 어머니께 가져가서 함께 묻어드리는 것이려니 막연히 생각하고 있었다.

맨손으로 흙무더기를 헤집으며 나뭇가지와 희끗한 알갱이들을 골라내는 기분이란 참으로 묘한 것이었다. 이럴 때는 무서워하거나 아니면 아련한 슬픔에 눈물이라도 빠짓이 배어나와야 마땅한 게 아닐까도 싶었다. 특히 인부가 개중 큰 뼛조각 두 개를 골라 들어 이리저리 각을 맞춰 보더니 이건 턱뼈로군, 하며 해골, 그야말로 해골 모양을 드러내 보여줄 때는 더욱 그러했다. 그러나 나는 여전히 전혀 무섭지도 슬프지도 않았다. 오히려 이상하도록 담담하기만 했다. 아니, 그저 모든 것이 아아, 아득하다! 싶은 심정이라고나 할까.

느그 아부지, 참 난 인물이었는데…….

아재가 잇고 싶은 말을 나는 이미 수없이 들어서 잘 알고 있다. 연전에 칠순을 겨우겨우 넘기고 돌아가신 오빠는 내가 아버지보다 스무 해를 더 살았구나, 이제 서른 해 가까이나 더 살았구나, 하는 식으로 헤아리길 좋아했었다. 병석의 오빠는 때때로 불쑥 바다 건너의 내게 전화를 걸어 주문하곤 했다. 막내고모, 고모는 글 쓰는 사람이니까 언제고 꼭 울아버지 얘기 좀 써봐라…….

그러곤 내가 태어나기도 전의 아득한 가족사를 다시 한 번 더듬으면서, 아버지가 가사를 지었다는, 그리고 지금껏 그대로 불린다는 고향 인근 초중고교들의 교가를 송화기에 대고 차례차례 불러 보이던 것이다.

아버지는 고향 마을 출신 일본 유학생 제 1호의 인텔리였다. 육척의 훤칠한 풍모에 인품 좋고 덕망 높은 선각자였다던가. 대처에 나갔던 아버지가 고향집에 다녀갈 때면 그 선골을 훔쳐보려는 여인네들의 쪽진 머리통이 담장 위로 나타났다 숨었다 바빴더라지. 학교를 세우는 거였는지 회사를 차리는 거였는지 동분서주하다가 어느 봄밤 호텔 회동 끝에 급사하셨다는데, 당시 스물서넛 군인이던 오빠가 넋이 빠진 채 시신을 업어다 택시에 실어 집에 모셔올 때의 얘기는 또 얼마나 소설처럼 기막히던가.

여태까지도 우리는 만약 그때 아버지가 그렇게 허망하게 돌아가시만 않았더라도, 하며 한숨을 쉬고 애통해 하지만 막내인 내게는 이 모두가 줄곧 가뭇없는 추상일 따름이었다. 내게 고작 몇 커트 남아 있는 아버지의 잔상이란 펜대가 꽂힌 유리 잉크병과, 어린 내 손에 쥐어주시던 작은 밀감의 차가운 감촉과, 딸들에게 가르쳐주신 '나가자/ 동무들아/ 어깨를 겯고……' 하는 노래와, 엄마는 옥 선생이란 의사에게 왕진을 청하러 달려가고 아부지는 가슴을 틀어쥐고 신음하는데 나 혼자 변소에 갔다 빠지던 세 살 무렵의 초여름 밤, 바깥 덤불숲에서 미욱스레 맹―꽁 맹―꽁 울어대던 맹꽁이 소리……, 정도가 고작이었다.

내가 알지 못했던 아버지를 비로소 느끼게 되는 것은 오히려 남의 시구나 글귀 속에서 다감하고 낭만적인 아버지상을 만날 때였다. 서울 다녀오실 때면 언니들에게 금박으로 일일이 '방산국교 최○희'라는 이름을 새긴 백두산 연필을 각자 한 다스씩이나 사다 주고, 모두들 무명 치마저고리를 입던 시절, 꽃무늬 포플린을 끊어와 엄마로 하여금 딸들에게 원피스와 모자를 만들어 입히게 했던 아버지는 무척이나 자상한 분이었던 듯하다. 그래 누군가의 글에서 초경을 한 딸에게 "이제 깃이 돋아나니 머지않아 날아가겠구나" 하며 애틋하게 바라보는 아버지나, '너희들에게 집을 지어 주마', 호기롭게 말하고는 '뼈도 살도 훤히 비치는' 비닐로 네 벽을 세워 근근이 식구들을 들일 허울만의 둥지를 짓고는 이제 "자, 꽃을 들여놓자!" 하며 환하게 웃는 대책 없이 낭만적인 아버지에 대한 시를 읽는 순간, 내 안에 작은 촛불이 켜지듯 가슴이 그늑해지면서 정말이지 '나'의 아버지는 어떤 분이었는지가 불현듯 궁금해지던 것이다.

우리는 나뭇가지처럼 생긴 큰 조각들은 물론이고 자잘한 알갱이들까지 남김없이 정성껏 골라 담았다. 유월 햇살은 청명하고 저 아래 아침 바다는 희게 빛났으며, 이토록 담담할 수 있다니 혹시 이게 무의식적으로

라도 과장된 포즈가 아닐까도 싶긴 했으나, 내 안에서 산 자와 죽은 자의 경계가 완전히 허물어져 버리는 듯한 초연함이 나는 마음에 들었다.

*

　가장도 출장 가고 없는 빈 집에 상자를 안고 들어서긴 했으나, 어디에 어떻게 내려놔야 할지 알 수가 없었다. 당혹스런 순간이었다. 실은 그때까지 내 관심은 파장 순서와 올케 언니가 모시고 떠나는 두 단계에만 집중되어 있어서 그 중간과정에 대한 대비는 전혀 되어 있지 않았다. 방에 모시면 구석에 처박는 느낌이라 안 될 일 같고, 외국 소설 속에선 거실 벽난로 위 높직한 선반에 올려두던데 우리 집에 벽난로가 있을 리 없다. 상자를 안은 채 어찌할 바를 모르다가 그나마 좀 높은 위치인 거실 이층장 위에 안치했던 것이다.

　이제 황급히 옷을 입고 거실 한가운데 선 나는 새삼스레 실내를 휘둘러보았다. 만약 아버지가 살아서 딸네 집에 오신 거라면 어디로 모실까? 그건 당연히 크고 편안한 창가 안락의자일 터였다.

　여기 앉으세요, 아부지.

　나는 상자를 안락의자 위에 옮겨놓았다. 왜 진작 저 자리를 생각 못 했을까, 비로소 마음이 놓였다. 머리를 말리는 사이사이 거실로 나가 괜히 말을 걸어보았다.

　거기가 마음에 드세요, 아부지? 창밖 풍경도 좀 내다보세요.

　그런데 조금 있자 이젠 흰 보자기가 마음에 걸리기 시작했다. 오늘 저녁엔 가장이 출장에서 돌아올 텐데, 나야 내 아부지니까 아무렇지 않다지만 핏줄이 아닌 그의 마음은 좀 꺼림할 수도 있지 않을까.

안방 반닫이에서 연두색 명주 보자기를 꺼내왔다.

아부지, 옷 갈아 입혀 드릴게요. 지난달 아부지 손녀 결혼식 때 만든 거예요. 참 곱지 않나요?

중얼중얼 안락의자에 연두색 보자기를 앉히고 나니 이제 비로소 모든 것이 편안하게 자리를 잡은 것 같다. 다만 한 가지, 어째 사위가 너무 조용한 게 마음에 걸린다.

음악 틀어드릴까요, 아부지?

아버지에게 어울릴 것 같은, 이를테면 오페라 〈마르타〉에 나오는 '꿈과 같이'나 토셀리의 세레나데, 혹은 언니의 기억 속의 '꽃의 왈츠'가 들어 있는 시디를 찾아 이리저리 뒤져본다. 서너 살배기 어린 내가 실제로 본 장면인지 아니면 내 부풀어 오른 상상이 멋대로 만들어낸 장면인지 알 수 없으나, 아부지는 마루 끝에 서서 '꿈같이 사라진/ 아름다운 님이여!' 혹은 '사랑의 노래 들려온다/ 옛날을 말하는가/ 기쁜 우리 젊은 날……' 같은 노래를 부르고 있었다. 그 위에 언니의 '꽃의 왈츠'가 있다.

언젠가 큰언니는 너댓 살 때 아버지 손에 이끌려 가서 본 〈호두까기 인형〉 이야기를 했다. 아마도 읍내에 지방 순회 오페라나 악극단이 들어왔던 것 아니었나 싶은데, 그토록 환상적이고 매혹적인 구경은 난생 처음이더라 했다. 젊은 아버지의 목마를 타고 그때는 물론 곡명도 몰랐지만 화려한 피날레 춤곡인 '꽃의 왈츠'의 여운을 음미하며 꿈꾸는 기분으로 집에 돌아와 보니 할머니가 시골집에서 다니러 와 계셨다. 당시 아버지는 읍내의 고교에 재직 중이어서 분가해 살고 있었는데, 갈치를 사들고 아들네 집에 들여다보러 왔다가 빈 집에서 내도록 기다렸던 할머니는 아들 손자 며느리가 상기된 얼굴로 화기애애 들어서는 것을 보는 순간, 노발대발 갈치 꾸러미를 땅바닥에 패대기쳤다. 살아 구불거리는 은빛 허리띠 같은 갈치와, 격노한 할머니의 얼굴과, 어쩔 줄 몰라 하는 젊은 엄마 아버지의 모습과⋯⋯. 영화처럼 돌연히 전환된 장면은 어린 언니의 뇌리에 방금 보고 온 꿈결 같은 이미지와 극과 극의 강렬하고 드라마틱한 대비를 이루며 콱! 들어가 박혔는데, 나는 그런 찬연하고도 치명적인 파국과 반전의 순간을 오롯하니 자기만의 기억으로 간직한 언니가 부럽기 그지없었다.

아버지의 노래를 뒤지던 나는 문득 생각이 나서 차라리 새로 산 마이클 잭슨 시디를 틀기로 한다. 나는 중얼중얼 아부지에게 고한다.

아부지, 이 사람, 엊그제 아부지 모셔오던 날 죽었대요. 살았을 땐 그저 막연한 연민뿐 별 관심도 없었는데, 죽고 나니 모든 게 가엾고 불쌍하고 그의 노래가 더 좋아져요. 들어보실래요?

오랫동안 나는 손에 이글거리는 숯덩이를 든 채 엇 뜨거, 엇 뜨거, 버둥거리는 세월을 살아왔다. 야멸차게 내려놔 버리기엔 오기가 나고 계속 들고 있기엔 너무 힘겨운 시간들이었다. 그런데 언제부턴가 더 이상 괴롭지 않아 손을 들여다보니 그 벌겋던 잉걸불이 저절로 식어 있었다. 과연, 시간이 세상 모든 것의 주인이었다. 이 세상에 이해할 수 없는 일들이 점점 더 없어지고, 원치 않아도 역지사지가 한결 더 쉬워지며, 또 저 길 끝까지 다 걸어가 보지 않아도 소실점 너머에 무엇이 있는지, 아니, 없는지가 훤히 다 내다보이게 되는 것. 그 궁극은 아마도 연두색 보자기의 나무상자와 마주 앉아 아무렇지도 않게 먹고 마시고 음악을 들으며 이야기를 나누는 지점이 아닐는지.

나는 그렇게 소파 내 자리에 앉아 물끄러미 보자기를 바라보다가, 자꾸 아부지, 아부지, 해보는 내 짓거리에 씨익 웃다가, 다시 보자기를 바라보다가, 내 짓거리에 씨익 웃다가 했다. 온 집안이 내가 잘 몰랐던 죽은 이들의 존재감으로 온전히, 그득 채워지는 듯한 느낌이 따스하고 뿌듯했다. 하마 나도 이제 '왜 사냐건, 웃지요'의 시간에 많이 가까워진 것일까……

식탁

두 사람은 묵묵히 수저를 놀린다. 돌덩이 같은 침묵이, 열흘 묵어 옹벽처럼 굳어버린 침묵이 식탁 위를 짓누르고 있다. 갈치조림과 된장찌개, 계란찜과 겉절이. 저녁상은 소박하다. 그래도 모두 남편이 좋아하는 반찬들, 여느 때 같으면 소탈한 입맛의 그가 우습도록 "맛있다"를 연발했을 찬들이다. 아내는 갈치조림이 기대한 대로 맛있게 되었음을 확인한다. 남편의 혀도 분명 싱싱하고 연한 갈치 맛을 즐거워하고 있을 것이다. 그러나 정작 그 주인은 아내와 열흘이 넘도록 냉전 중이며 따라서 평소 같은 너그러운 칭찬이란 어림도 없고, 나아가 미운 아내와 식탁에 마주 앉아 그녀가 차린 음식을 먹는다는 사실조차 자존심 상하여 한시 바삐 수저를 놓고 일어서려 서두르고 있는 걸 아내는 안다. 그리곤 이렇듯 끈질기게 화를 내자니 그 마음이 얼마나 고될까, 내심 안쓰러워한다.

서둘러 수저를 놓은 남편은 베란다로 나가 등을 보이며 선다. 평소엔

즐겨 설거지를 도맡아하던 그는 지금은 주방 근처에는 얼씬도 하지 않는다. 설거지 따위의 집안일은 실상은 아내 몫이었으며 자신은 그저 호의와 선심으로 도와주는 것뿐이었다는 선언일 테지. 성난 눈빛과 낮게 으르렁거리는 목소리보다도 주방과의 멀어진 거리가 그의 분노를 더 웅변적으로 말해 주는 듯하다. 아내는 남편의 책 읽는 옆모습만큼이나 그의 설거지하는 뒷모습에 길들여져 있다. 그래 지금 주방이 아니라 베란다에 나가 선 그의 뒷모습에 가슴속에 우멍한 공동이 생긴 듯 낯선 외로움을 맛본다.

거실 통유리창에 유백색의 식탁 등과 그 아래 앉은 아내의 모습이 환히 비쳐든다. 마치 감청색 옷을 입고 석상처럼 우뚝 선 남편의 몸 안에 동그마니 들어앉은 것처럼 보인다. 르네 마그리트의 초현실화에서 걸어 나온 듯한 구도에 아내는 조용히 소스라친다. 언젠가 이 색다른 구도를 어느 소설 속에건 꼭 짜 넣으리라. 그녀는 연해지는 마음자락을 밀쳐내며 반항하듯 머릿속에 메모를 해둔다. 열흘 전 몇 년 만에 처음으로 격한 말다툼을 했을 때, 그는 "오늘 이 싸움도 어디 잘난 소설 재료로 써먹어 보시지!" 하고 빈정거렸었다.

이 대범한 남자가 이토록 화를 낼 때에는 마땅한 이유가 있을 터. 사회과학도인 그는 문학을 한답시는 아내가 마음속에 이 방 저 방 마련해 두고 수시로 들락거리는 몽상가라며 비난했었다. 아내는 그거야 너무나도 당연한 일 아닌가, 하며 놀랐다. 그런 자기만의 방마저 없다면 이 평온하여 더욱 완강한 일상을 어찌 견딜 것이며 또 모름지기 글을 쓰겠다는 사람의 정신세계가 더 이상의 뺄셈이나 덧셈의 여지도 없이 지금 눈앞에 빤히 드러나 보이는 이 한 차원의 시공간, 이 한 겹의 관계들에만 국한된대서야 무슨 글줄이 나오겠느냐면서 반발한 것이다. 자신이 대책 없는 몽상가라는 거야 눈멀고 귀먹어 다름 아닌 그와 뒤도 안 돌아보고 결혼으로 달려갔다는 사실만으로도 일찌감치 공인되었다는 게 아내의 생각이었다. 몽상가가 아닌 다음에야 당시 그가 처했던 불리한 여건들 속으로 어찌 그토록 즐겁게 달려 들어갔을 것인가. 또 지금껏 자신이 그 누구보다 운 좋은 여자라고 확신하며 푼수 아내로 감사하게 살아올 수 있었겠는가.

그러나 이 모든 입속말을 그녀는 한마디도 뱉어내지 못한다. 아내는 애초 그런 훈련이 전혀 되어 있지 않다. 상식과 원칙에 입각한 합리적이고 윤리적인 사고의 소유자임을 자부하는 남편 앞에, 상식을 뒤집어보고 원칙을 깨부숴보며 어떻게든 자기만의 활짝 열린 시각과 다층적인 잣대를 벼려나가려는 자의 고삐 풀린 상념들을 꺼내 보이다니, 아니다, 아니 될 일이다. 구태여 그 둘의 충돌을 자초하여 일상적 삶에서 귀 찢어지는 파열음을 일으킬 필요는 없다는 게 아내의 생활인으로서의 지혜라면 지혜였다. 그러니, 제 안에 칸칸이 방을 만들어두고 혼자 여기 들앉았다 저기 들앉았다 하며 들락거릴 수밖에.

그의 뒷모습은 단호하다. 또한 몹시도 고독해 보인다. 나이 먹어가는 중년남자의 완고한 잔등만큼 연민을 불러일으키는 벽이 또 있을까. 아내는 들척지근한 단맛이 나도록 밥알을 꾹꾹 씹으며 생각의 넝쿨을 따라간다. 이쯤에서 그만 백기를 내걸어볼까. 목소리는 그의 것이 컸지만 실상 케이오 패를 당한 것은 그임을 둘 다 아는 바에야. 여느 때 같으면 잘못이야 어느 쪽에 있건 하루해를 넘기기 전에 먼저 화해를 청하곤 하던 아내는 이 무익한 힘겨루기가 괴롭다기보다는 그저 우스꽝스럽고 어색한 쪽이다. 가죽처럼 질기고 딴딴해진 아내에게 저 원칙주의자 남편은 아직도 커다란 분노와 배반감을 맛보고 있는 것일까. 애초 그렇게나 기다란 줄을 매어 마음껏 풀밭을 돌아다니게 해줄 일은 절대 아니었다고 자탄하고 있는 것일까. 시를 몰라도 '혼과 혼의 두 언덕 사이에 출렁이는 바다를 놓아두라' 는 시인의 잠언을 너그럽게 실천하며 살아온 그는, 그 바다가 어느 땐가부터 자신이 즐겨 감내할 수 있는 이상으로 넓어져 버린 것에 놀라고 당황해 하고 있는 것이리라.

열흘 전 저녁식탁에서 아내는 머뭇머뭇 운을 떼었다.
나 어딜 좀 가고 싶은데…….
어디를? 며칠이나?
원주…… 토지문화관에…….
거기가 뭐하는 덴데?
왜, 있잖아요, 박경리 선생님이 하시는. 작가들에게 무상으로 숙식을 제공하고 석 달간 방을 빌려준대요, 글 쓰라고……. 지난달에 신문 보고 신청했더니 어제 연락이 왔어요, 언제 오겠느냐고…….
말을 마치기도 전에 남편의 얼굴은 이미 딱딱하게 굳어져 있다. 아내는 몹쓸 짓을 할 테니 허락해달라는 철부지 딸이 된 듯한 열패감과 함께, 벼르고 벼른 이 얘기는 역시나 본전도 못 건진 채 그의 감정만 상하고 말 것임을 안다. 그는 붉어진 얼굴로 힐난한다.

그러니까, 이미 혼자 다 결정해 놓고 이제 와서 통보한다는 거야?

결정은 무슨······. 그러니까 지금 의논하는 거잖아요, 살림은 주말마다 집에 와서 좀 챙기고. 신청은 했지만 막상 될 줄은 몰랐어. 방도 서너 개밖에 안 된대서······.

뭐어, 방? 방이야 애들도 없는데 텅텅 빈 게 다 방이잖아. 덩그런 내 집 놔두고 왜 글을 꼭 그런 데 가서 써야 해? 주부가 살림 내팽개치고 왜 중뿔나게 그런 델 가야 소설이 나오냐구. 도대체 거기가 뭐하는 데야? 소설 쓴다는 사람들은 다 그런 거야?

그건 바로 아내가 한 달 전부터 줄곧 곱씹어온 물음이다. 눈 딱 감고 집을 떠나 그런 곳에 틀어박히면 몇 달째 꽉 막혀 있는 글의 길이 뚫리게 될까. 용케 그가 이해를 해준다 해도 차마 집을 떠날 수 없는 이유를 그녀 스스로도 열 가지도 넘게 꼽을 수 있다. 매달 때맞춰 보내야 하는 번역 원고들은 차치하고라도, 식탁을 차리는 일이며 그의 바지 주름을 세우는 일이며 썰렁한 빈 집 문을 따고 그를 들어서게 해야 하는 일이며, 그러고도 종국엔 빈손으로 돌아 나올지 모른다는 두려움이며······.

아내는 속으로 쓴웃음을 짓는다. 아직껏 발목만 조금 적신 채 그 바다에 풍덩 몸을 던지지 못하고 있는 자신은 '소설 쓴다는 사람' 비슷하게 되기까지만도 한참을 더 몸부림치며 가야 하는 먼 길이라는 걸 그는 모른다. 남편의 당당한 힐난과 아내의 주눅 든 웅얼거림 사이에는 그녀의 글쓰기란 돈을 벌어오는 것도 이름을 얻는 것도 못되는, 어째 잘 하고 있던 생산적인 일을 버리고 옆길로 외도하는 것과 비슷한 노릇이라는 인식이 은연중 깔려 있을 것이다.

길을 막고 물어봐라, 어느 남편이 그런 아내를 보아내나?

몇 번 거친 말이 오가더니 급기야는 굳이 집 밖으로 뛰쳐나가서까지 소설인가를 써야 한다면 그런 아내는 필요 없으니 아예 내 집으로 돌아오지 않아도 좋다는 말까지 나오고 말았다.

구태여 길을 막고 물어볼 것도 없겠죠, 내가 생각해도 원칙이야 당신 말이 옳으니까…….

울울한 심정으로 체념하던 아내는 다시금 발끈했다. 어디가 되었든 집을 떠나 석 달만 마늘을 먹으며 집중할 수 있다면. 그러면 일 년이 가깝도록 무의미한 구슬 상태로 어지럽게 흩어져 있던 글 조각들이 제법 그럴싸한 목걸이로 가지런히 한 줄에 꿰어질 것만 같은 확신이 더욱 간절해지면서, '만약 내가 아내가 아니라 남편이라면?' 하는 데 생각이 미친 것이다. 만약 그녀가 이 집의 아내가 아니라 남편이라면? 아무도 알아주지 않는 무명작가라 해도 글쓰는 남편이 몰입과 집중을 위해서란 명분으로 원고뭉치를 싸들고 어디로든 떠나겠다면 아내가 감히 뭐라 할 수 있을까. 돈이 되고 이름이 되는 일이 아닌 줄 번연히 알면서도 그를 자유롭게 놔두지 않을까. 생각이 이에 이르자, 이 따뜻한 식탁을 탕탕 깨부수고 바람 부는 거리로 정처 없이 나서고 싶은 격정에 휩싸였다. 그래서였을 것이다. 아내는 남편의 눈을 똑바로 쏘아보면서 이제껏 단 한 번도 생각조차 해본 적 없는 신랄한 말을 내던졌다.

이게…… 어째서 당신 집이죠? 내 기억으론 이 집의 종잣돈은 분명 내가 만들었는데? 말이 난 김에 한 마디 더하자면, 당신의 잘난 학위의 최소한 절반은 내 기여분이고 말이죠.

순간, 남편은 눈에 띄게 휘청, 했다. 십여 년 세월이 흐르는 동안 자연스레 잊혀지고 없는 일이 되어버렸던 사실을 지적당한 것이다. 아내 또한 얼굴이 화끈 달아올랐다. 하릴없는 자격지심의 발로요, 유치하기 그지없는 반격이었다. 내가 이렇듯 치졸하고 비겁한 말을 쏟아낼 수 있는 여자였던가. 아내는 설불리 내뱉은 말을 이내 후회하며 부끄러워했지만, 그래도 이기적인 남자들에겐 가끔은 자기네 편리하게 망각해버린 사실들을 한 번씩 상기시켜 줄 필요도 있다고 생각하며 얼른 합리화했다. 그 날부터 남편은 입을 곧게 다물었다. 언젠가 원고뭉치를 싸들고 집을 떠나고 싶을 때는 아무 때고 당당히 떠날 시절이 오기를 벼르며, 아내 또한 죽은 듯이 엎드려 있기로 했다.

베란다의 고독한 석상을 지켜보면서 아내는 내심 그에게 몹시 미안해한다. 그는 지금 무엇을 내다보고 있을까. 어떤 기준을 들이대더라도 그는 평균치의 한국 남자들보다는 훨씬 좋은 남편임에 틀림없다. 그는 소리 없이 일상의 주름진 데를 펴주고 금간 데를 메워 주면서도 생색 한번 낸 적 없는 사람이었다. 그런데 어느 날 갑자기 아내는 그가 이해할 수 없는 자기 욕망과 자기 열정에 떠밀려 소설을 쓰겠다고 나섰고, 그로부터 주방에선 '행주와 걸레의 질서'가 무너지고 사다만 놓고 물주는 것을 잊어버린 꽃나무는 말라 죽어갔다. 아내는 자기만의 스트레스에 쌓여 더 이상 부부동반 모임에도 따라나서지 않으려 든다. 자신이 쓰고 싶은 글과 쓸 수 있는 글 사이의 괴리 때문에 점점 더 재미없고 불쌍한 여자가 되어 가고 있다. 그런 여자의 옆 사람이란 누구라도 사양하고 싶은 싫은 자리가 틀림없을 것이다.

석상 속에 동그마니 앉은 아내에게 뜬금없이 오래 전 데이트 시절의 삽화 몇 장면이 떠오른다. 하루는 그가 스파게티를 해줄 테니 자기 집에 놀러 가자고 했다. 스파게티를 삶을 때는 물을 넉넉히 잡아야 하고, 국수는 오래 삶되 심은 익지 않아도 된다고 했다. 그는 타일 벽에 국수 가닥을 탁 던져서 그대로 척 들러붙으면 다 익은 거라고 가르쳐 줬다. 그날 그녀는 몇 번씩 국수 가닥을 부엌 벽에 던져보면서 그런 재미난 것도 알고 있는 남자가 마음에 들었다.

밥 짓는 법을 가르쳐 준 것도 그였다. 할리우드에 영화를 보러 가자하여 기다리고 있는데, 그는 다 찌그러진 쉐보레 고물차에서 쌀 포대와 라면 상자와 김치병을 들고 내렸다. 학교와 아르바이트 사이를 오가느라 밥해 먹을 시간도 없이 동동거리던 그녀는 아, 이 사람과 결혼하면 밥을 먹여 주겠구나, 턱없이 감동했다.

생각에 잠겨 손가락으로 식탁을 문지르던 아내의 입가에 희미하게 미소가 떠올랐다. 그래…… 그는 결국엔 밥을 벌어 먹여 주었지…… 설거지까지도…….

바로 그때 남편이 뒤로 돌아섰다. 뜻밖에 보는 아내의 미소에 그가 열흘 만에 퉁명스레 입을 열었다.

왜 웃어?

요즘 아내는 수시로 주방을 들락거리면서도 책상 앞에 곧잘 붙어 앉아 있다. 식탁과 책상을 동시에 부여잡고 가기.

조금 힘을 빼고 느긋하게 마음을 고쳐먹으니 그리 불가능하거나 안달을 낼 일만은 아니다. 물론 진작에도 알고는 있던 사실이지만.

신중선

맥주맛도 모르면서 - 이별에 대처하는 나의 자세
다시 광화문거리를 찾으며

경남 거창에서 태어나 서울에서 성장하였다. 숙명여고를 거쳐 이화여대 졸업 후 중앙대 신문방송대학원 신문방송학과에서 출판 잡지를 전공하고, 잡지사 기자 및 편집장으로 활동했다. 1987년 「떠다니는 꿈」으로 〈현대문학〉에서 1회 추천받은 후 본격적으로 소설을 쓰기 시작했다. 장편소설로는 『하드록 카페』, 『비밀의 화원』, 『돈워리 마미』가 있고, 단편집은 『환영 혹은 몬스터』, 『누나는 봄이면 이사를 간다』가 있다. 2005년 『비밀의 화원』으로 서울문화재단 창작기금을 받았고, 2006년 같은 작품으로 대한민국소설문학 대상을 수상하였다.

맥주 맛도 모르면서
— 이별에 대처하는 나의 자세

눅눅한 기운이 몸을 파고든다. 해독이 불가능한 작은 소리도 창밖에서 들려온다. 그치지 않고 줄기차게 들려오는 소리의 정체가 궁금해 이윽고 창을 연다. 드르륵. 겨우내 열지 않았던 창이라 제법 힘이 들어간다. 아, 비가 내리고 있다. 정말이지 빗소리일 줄은 상상도 하지 못했던 일이다. 눈이라면 또 몰라도……. 때 아닌 계절에 내리자니 비 자신도 민망했던지 한껏 소리를 죽이고 있다. 시커먼 밤에 죄인처럼 가만가만 내리는 축축한 비를 보자 느닷없이 맥주가 간절해진다.

털목도리를 목에 친친 감고 우산을 챙겨든다. 편의점에서 하이네켄 두 개와 인공감미료로 범벅된 진미포 하나를 산 다음 검정 비닐봉지 고리를 손목에 달아매고 앞뒤로 흔들며 느릿느릿 걷는다. 나온 김에 동네 한 바퀴 돌면 좋겠지만 산책에 적당한 계절이 아니다.

보다 차갑게 마셔볼 요량으로 하나는 냉동실에 넣고 나머지 하나만 들고 소파에 앉는다. 하이네켄은 상표를 발음할 때 혀끝에 와 닿아 딱 부러지는 어감이 좋아 마시기 시작한 맥주다. 맥주에 대한 내 선별 기준이 이러하니 맥주 맛을 아는 사람들한테는 명함 내밀기도 쑥스럽다. 예전 한때는 밀러를 마셨다. 기껏해야 오비와 크라운 정도가 시중에 나와 있는 맥주의 전부였던 시절, 어쩌다 수입 맥주를 마실 기회가 있었을 때 접하게 된 게 바로 밀러였다. 그 첫 느낌의 익숙함 때문에 내가 오랫동안 밀러를 사랑했지 싶다. 그러나 하이네켄으로 바꾼 지금이나 그때나 나는 여전히 맥주 맛을 모른다.

누군가 반론을 제기할 수도 있지만 맥주와 티브이 시청은 궁합이 잘 맞는 아이템이라고 나는 생각하고 있다. 망설임 없이 리모컨의 버튼을 눌러 티브이 시청하는 여유를 부려 보기로 한다. 교육방송에 채널이 맞춰져 있고, 화면에 보이는 프로그램은 〈시네마천국〉이다. 맏언니처럼 믿음직스러운 변영주 감독은 자분자분 능청스럽게 언변이 좋고, 이해영 감독은 말 마디마디에 재치가 넘쳐흘러 어록에 남을 만한 기상천외한 말솜씨를 뿜낸다. 얼굴만 봐도 진지한 스타일인 김태용 감독은 말수가 적은 편이다.

이날의 주제는 '이별에 대처하는 우리의 아름다운 자세'. 허진호 감독의 〈8월의 크리스마스〉와 요시모토 바나나 원작의 〈아르헨티나 할머니〉, 노먼 레니 감독의 〈오랜 친구〉, 이 세 작품을 가지고 한담을 나누는 중이다. 언제나 느끼는 바이지만 이 세 감독의 대화 스타일은 마치 내 옆에서 함께 맥주 홀짝이며 수다 떠는 듯, 편하게 다가온다. 그렇다. 반드시 맥주여야 하고 벌컥벌컥 마시는 게 아니라 조금씩 목을 축이듯 마셔야 한다. "분위기상 소주나 막걸리는 절대 아니야." 나는 실없이 혼자 말하고 고개까지 가로젓는다. 이런 수상한 행위가 겉으로 드러난다는 건 지금의 내 기분이 매우 좋다는 의미다.

물론 이 프로그램은 와인 스타일도 아니다. 맥주를 홀짝이듯, 내게 더 없이 편하게 다가오는 그 화면을 위해 얼마나 많은 편집과정을 거쳐야 하는지, 혹은 엔지NG 하나 없이 실제로도 그처럼 안락하게 얘기를 주고받는 것인지는 스텝이 아닌 나로선 알 수 없다. 그런데 듣자하니 그들이 진행하는 마지막 날이라고 한다. 나는 조금 서운하다.

오늘의 주제로 삼고 있는 이별에 대처하는 세 영화들의 자세는 아름답다. 나는 가까운 이들과 이별하게 되었을 때 어떤 자세로 임해야 할까에 대해 잠시 생각에 잠긴다. 확신할 수야 없지만 영화처럼 아름다울 순 없을 것이다.

어느 사이 캔 하나가 비워졌다. 사정없이 구겨서(알루미늄은 어찌도 이리 말을 잘 듣는지!) 휴지통에 던져 넣고(던져야 제 맛이다) 제법 차가워진 하이네켄을 마저 꺼내온다. 나는 입 모양을 조그맣게 만들어 소리 내어 발음한다. "하이네켄" 하고. 비록 보는 이는 없어도 내심 쑥스러워진 내가 피식 웃는다. 다시 소파 위에 오도카니 앉는다. 나는 늘 털썩 앉지 못하고 이처럼 궁색한 자세를 취하곤 한다. 방바닥에 앉을 때나 밥을 먹을 때도 마찬가지다. 좋지 않은 습관임에 분명한데, 영화 〈데스노트〉의 주인공인 L의 자세와 같다. 실은 L보다 내가 먼저 취하게 된 태도라는 생각에 〈데스노트〉를 보는 내내 L에게 선수를 빼앗긴 것 같아 억울함을 느꼈던 기억이 있다. 이 무슨 어이없는 치기인지!

　이별에 대처하는 자세라…… 내가 만약 몹쓸 병에 걸려 가족과 이별해야 하는 시점이 온다면 어떻게 대처해야 할까. 맨 처음 떠오르는 것은 예금통장이다. 그걸 남기고 세상을 떠난다면 가족에게 다소나마 도움이 될 수 있을 것이다. 비록 많은 액수는 아니겠지만 아무것도 남기지 않고 가는 것보다야 낫겠지. 그런 시기에 봉착한다면 나는 깊은 정이 들어 버린 내 오래된 자동차를 타고 다신 돌아오지 않을 먼 길을 떠날 것도 같다. 도로 사정에 밝지 못하니 내비게이션 정도는 장만해야 할까?

　이별과 관련한 기억 하나가 언뜻 뇌리를 스친다. 생전의 아버지는 다니던 직장에서 정년퇴직을 한 지 한참이나 지난 후에 세상을 떴기 때문에 말년엔 주머니 사정이 그리 넉넉지 못했다. 그런데 아버지의 유품을 정리하던 중 과부 처지가 돼 버린 엄마를 기쁘게 만드는 일이 발생했는데, 뜻밖이랄 수밖에 없는 아버지 명의로 된 예금통장이었다. 제법 많은 돈이 들어 있었던 모양이다. 이로 인해 엄마는 이미 이 세상 사람이 아닌 아버지한테 새삼 사랑이 샘솟았던 듯한데, 엄마가 아버지한테 애정을 느끼다니! 이는 내가 아는 한 터무니없는 일임에 분명했다.

　대가 센 편인 엄마는 평소 아버지를 대하는 태도가 불성실했다. 데면데면한 것은 기본이고 웃음을 보여 주는 것에도 인색했던 것 같다. 새색시 시절엔 혹시 곱게 웃기도 했을까. 맏이에게 시집온 까닭에 시부모는 물론이고 시동생 둘과 시누이 둘까지 건사하느라 신혼 때도 방긋대지 않았을 것 같다는 생각이 든다. 게다가 고만고만한 자식 여섯을 줄줄이 낳아 기르자니 이런저런 대소사에 치여 남편에게 친절하기 힘들었을 수도 있다. 그러나 가장 설득력 있는 것은 차가운 편에 가까운 엄마의 성격 탓이 아니었을까.

아버지도 엄마와 크게 다르지 않았다. 경상도 사나이 특유의 기질이 농후한 분이었다. 툭하면 버럭 화를 내기 일쑤였고 남자가 부엌에 들어가면 체면 구기는 일이라 여기던 가부장적 사고에 길들여진 분이었다. 부엌이라는 장소가 여인네의 장소라면, 그래 그렇다 치자. 그렇다면 형광등을 교체하는 일 따위 남정네가 해야 할 일이 아니었을까. 내 기억에 따르면 가벼운 일이든 무거운 일이든 집안에서 벌어지는 모든 일은 엄마가 해결해야 했는데, 그때마다 화가 치민 엄마는 자식들을 모아 놓고 아버지 험담을 일삼곤 했다. 인정머리 없고 이기적인 사람이라는 게 흥의 요지였는데, 이때 어린 우리도 엄마와 뜻을 같이했음은 물론이다.

가족들은 물론이고 친인척 사이에서도 아버진 전형적인 경상도 사나이로 정평이 나 있었다. 그런데 수상한 것은 내게만큼은 아버지의 이미지가 속정 깊고 다정다감한 사람으로 각인돼 있다는 사실이다. 파카인지 몽블랑인지 이젠 기억도 어슴푸레하지만 아버지가 유독 아끼던 물건이 만년필이었다는 사실 하나만 놓고 보더라도 아버지에게 나름대로 낭만적인 기질이 있었을 거라는 게 내 생각이다. 그러고 보니 그 만년필은 어디로 사라졌을까?

고급 중식당에 가족을 데려가서 코스 요리를 먹게 해주기도 했고 뷔페 식당에도 함께 갔다. 내용은 전혀 기억에 없지만 〈철기사〉니 〈흑기사〉 같은 외화를 보러 모두 함께 극장을 찾기도 했다. 이 모두가 1960년대에서 70년대 초반에 있었던 일이니 이땐 내 아버지도 제법 젊었을 것이고, 나름대로 신식 가장, 자애로운 아버지의 역할을 다하고자 애썼다는 증거다. 하지만 우리 가족은 의외로 이 모든 걸 까맣게 잊어버린 채 말년의 아버지만 기억하고 있는 경향이 있는 것 같다. 그렇지만 최소한 나만큼은 그렇게 생각하고 있지 않다. 아버지와 내가 공유하고 있는 추억 때문일지도 모른다. 내가 중학생이던 시절, 직장이 명동에 있던 아버지는 나를 챔피언다방에 데려가서 말로만 듣던 다방이란 장소를 실제로 구경시켜 주기도 했고, 난생 처음 소금구이집에 데려가기도 했다. 지금도 잊지 못할 정도로 내가 먹어 본 쇠고기 가운데 가장 맛있었다. 아버지 사후의 언제던가 그 집을 찾고자 애쓴 적이 있는데 실패하고 말았다. 소재지도 어슴푸레하지만 정확한 지점을 알고 있다 한들 그 음식점이 그때까지 존재하고 있었을 것인가. 모르겠다. 다른 형제들에게도 이처럼 개인적으로 뭔가를 해주기도 했었는지…….

 정년퇴직을 하고도 한참의 세월이 흐른 어느 날, 아버지가 내 직장 근처로 찾아온 적이 있다. 솔직히 실토하자면 약간의 귀찮은 마음이 없잖아 있었다. 마치 당연히 그래야 되는 양 아버지께 드릴 작은 용돈을 준비하고 커피숍으로 나갔다. 아버지와 장성한 여식이 커피숍에서 만나는 일이란 예나 지금이나 흔한 일은 아닐 것이다. 추레하게 변해 버린 반백의 아버지를 윤기 흐르는 넥타이 부대들이 들끓는 서소문에서 마주하고 있자니 너무도 짠해서 마음 아팠던 기억이 새삼스럽다. 어쩌면 아버지도 한때 이들처럼 찬란했을 텐데 하는 생각에 더더욱 그런 마음이 들었는지도 모른다. 굳이 찾아와서까지 나눌 얘기도 아닌 시답잖은 얘기들을 주고받는 사이사이 나는 주머니에 넣어둔 봉투를 만지작대며 언제

드리고 일어설까 기회만 엿보고 있었다. 그런데 이게 무슨 일인가. 아버지가 테이블 위로 하얀 봉투를 올려놓더니 슬며시 내게로 디밀었다. 누가 보기에도 지폐가 들었음에 분명한 두툼한 봉투였다. 아버지는 의아해하는 내게 "네 대학원 한 한기 등록금이다"라고 말했다. 심장이 저 밑으로 덜컹 소리 내며 툭 떨어지는 느낌이었다. 아버지는 더 많이 못해 줘서 미안하다고까지 덧붙였다. 나는 눈꺼풀을 자꾸만 깜빡이며 눈물을 집어넣느라 애썼다. 성의 없이 몇 만 원 집어넣은 내 주머니 안의 봉투가 너무도 창피했다.

아버지의 주름이 늘어가는 동안 자식들은 바빴다. 어서 전셋집에서 탈출해 집을 장만해야 했고 집장만 하고 나면 자가용도 사야 했고, 아이들도 최고로 키우려고 버둥댔으며 게다가 유학까지 보내야 했기에 자꾸만 자꾸만 더 바빠져만 갔다. 누구랄 것 없이 모두 내 남편, 내 아내, 내 새끼만 챙기면서 뜀박질했다. 그러는 사이 아버지는 점점 더 기력이 빠지고, 건강도 회복할 수 없을 정도로 나빠져 갔다. 몇 개의 치아가 못쓰게 되어도 내색하지 않으면서 버스와 지하철을 갈아타며 세상을 살아가고 있었다. 당시 아버지의 취미라면 붓글씨와 바둑이었다. 아버지 방에 늘 그윽한 묵향이 배어 있을 정도로 붓을 손에서 놓지 않았다. 아버지 사후 손때 묻은 바둑판은 내가 가지고 왔다. 원목이라 몹시도 무거웠던 그 바둑판은 간이 테이블이 되었다가 화분 받침도 되는 등 역할을 바꿔가며 내 곁에 있었는데, 그것 역시 지금은 행방이 묘연하다. 새 집기들을 들이면서 거추장스러워 주저없이 버렸겠지 생각하니 새삼 아버지에게 미안하다.

아버지는 지하철 3호선 압구정역에서 쓰러지셨다. 지상을 향해 뻗어 있는 수많은 계단이 그 날은 벅찼던 모양이다. 계단을 다 올라서서 더는 올라갈 계단이 없어졌을 때, 아버지는 하늘로 향하는 계단으로 돌연 점프해 버렸다. 심근경색이라 했다. 아버지가 가슴을 쥐어뜯으며 한 계단 한 계단 죽을힘을 다해 발길을 옮기던 그 시각, 어쩌면 나는 운전대를 잡고 압구정역 인근을 편히 지나고 있었을지도, 또 어쩌면 볼륨을 한껏 높인 채 유행가를 흥얼대고 있었을지도.

망자의 소지품에서 뜻하지 않게 발견되는 돈이란 남아 있는 자로선 반갑다. 엄마는 아버지의 통장에 들어 있는 돈을 보면서, 전혀 예상치 않았던 일이 벌어진 것에 놀라는 한편 살아생전에 남편에게 무심했음을 조금은 후회했을지도 모를 일이며, 그러노라니 미안함과 고마움이 겹쳐 뒤늦게 갑자기 남편을, 원래의 감정을 훨씬 넘어 더욱 그리워하게 됐는지도 모르겠다. 엄마는 오랜 기간 아버지를 못 잊어 하며 애통함을 금치 못했는데, 평소 아버지에게 야박하던 태도를 익히 알고 있는 나는 그런 엄마의 태도가 몹시 거슬렸다. 그즈음엔 엄마 집에 가기만 하면 생전의 아버지 행적을 더듬으면서 새삼 아버지의 가치를 높이는 바람에 하마터면 나 자신도, 두 분 사이가 원앙처럼 다정했었노라, 이런 식으로 헷갈릴 뻔했다. 이 일로 빈정상한 나는 일정 기간 엄마를 만나러 가지 않았다. 그러나, 하기야 내가 뭘 알 수 있었을까. 부부 사이란 당사자가 아니면 함부로 말할 수 없는 것이라고들 하니.

어찌되었건 남겨진 이들에게 물질적인 뭔가를 선물해 주고 저세상으로 떠난다는 건 고마운 일이다. 그 영향이었을까? 죽음에 대처하는 내 자세로서 맨 처음 예금통장을 떠올린 것은.

〈시네마 천국〉은 끝났지만 비는 여전히 추적추적 내리고 있다. 겨울비 때문인지 죽음과 관련된 사념 탓인지 두 개의 맥주로는 턱없이 부족하다는 소리가 내 안에서 들려온다. 나는 내면의 소리에 기꺼이 순응하면서, 털목도리를 다시 목에 둘둘 감고, 지갑을 챙기고, 우산을 꺼내들고 현관문을 나선다. 여전히, 맥주 맛도 모르면서.[1]

---

1) 국내 맥주 광고 카피 인용

다시 광화문 거리를 찾으며

요즘 오랜만에 광화문 거리를 찾고 있다. 거기에 서면 어쩐지 아직도 청춘이 머물러 있어 뜨거운 손을 내밀 것만 같다. 대학 다닐 적엔 학교가 있던 동네보다 오히려 광화문에 더 오래 서성였고, 직장에 다니던 때 또한 약속 장소는 대개 그 거리 어디쯤이었다. 게다가 모교인 중·고등학교조차 그 근방에 있었으니 광화문은 십대부터 내 온갖 추억이 서린 다정한 거리다. 그러나 서른 즈음의 어느 시기에 나는 광화문에서 멀어졌다.

광화문에 다시 발길이 닿게 된 것은 얼마 전 그 인근으로 거처를 옮겼기 때문이다. 겉모습은 변했어도 세종문화회관 주변의 술집들엔 70·80세대들의 정서가 남아 있고 90세대까지도 포용한다. 사계절을 각각 상호로 내걸고 있는 카페들, 그리고 거기 모여드는 직장인들을 보노라면 모두 내 형제인 것 같아 콧등이 시큰하다. 격무로 무거워졌을 그들의 양 어깨가 안쓰러워 보듬어주고도 싶다. 한 잔 두 잔 마신 술기운에 두 뺨이 발그레해진 그들은 식솔을 거느린 가장家長이라기보다 과거 어느 시점으로 회귀한 청춘이다. 마음이 동하면 주인에게 통기타를 청해 받아 이문세와 김광석을 노래하는 직장인들을 볼 수 있는 곳, 광화문.

  서른 즈음, 세상이 무섭지 않았다. 청춘은 마냥 머무는 것인 줄로만 알았다. 무엇이건 내 것으로 만들 수 있을 것이라 믿어 의심치 않던 시절이었다. 젊음이 내게서 멀어진 지금, 그러나, 그럼에도 광화문은 내 숱한 과거를 지그시 품고 있어 김광석의 노래처럼 '또 하루 멀어져' 가도 그 거리에 서면 설렌다. '내가 떠나보낸 것도' 아니고, '내가 떠나온 것도' 아니다. 세월이 저 혼자 그렇게 훌쩍, 가버렸다.

김미라

이름에 관한 단상
서랍 속의 카프카

1959년 통영에서 태어나 숙명여고, 이화여자대학교 정치외교학과를 졸업하였다. 1981년부터 방송작가로 일하기 시작하여 2011년 현재 30년 간 라디오 음악·교양 프로그램의 작가로 일하고 있다. MBC 라디오 〈별이 빛나는 밤에〉, KBS 라디오 〈밤을 잊은 그대에게〉, KBS CLASSIC FM 〈노래의 날개 위에〉, 〈FM 가정음악〉, 〈당신의 밤과 음악〉 등을 거쳐 현재 〈세상의 모든 음악〉의 원고를 쓰고 있다. KBS TV 문학관 〈랍스터를 먹는 시간〉의 공동원작 집필. 방송문화진흥회 주최 제1회 구성작가상 은상 수상. 월간 〈샘터〉에 고정칼럼 '위로'를 연재하고 있으며, 방송광고공사 기관지에도 고정 필자로 활동하고 있다.
저서로는 수필집 『사랑하는 것과 사랑해 보는 것』, 『천 개의 절망을 이기는 한 개의 희망』, 『나를 격려하는 하루』, 『위로』, 어른들을 위한 동화 『세상에 빛나지 않는 별은 없어』 등이 있다.

이름에 관한 단상

아홉 살 무렵이었던가. 나는 참 고민이 많은 아이였다. 그 중 가장 큰 고민은, 내가 '다리 밑에서 주워 온 아이가 아닌가' 하는 고민이었다. 가족사진에는 늘 내가 빠져 있었고, 다른 형제들과 생김새도 달랐다. 무엇보다 결정적인 증거는 내 이름이 돌림자에서 빠져 있었기 때문이다. 우리 형제자매의 돌림자는 '실을 재載' 인데 나만 그 혜택을 받지 못한 것이다. 낳은 지 사흘 만에 지나가던 스님이 내 이름을 지어 주고 가셨다는 그럴듯한 '탄생설화(?)' 는 주워 온 아이라는 심증을 굳히기에 더 없이 적절한 이유가 되었다. 하지만 내 고민은 싱겁게 끝이 났다. 다른 형제들은 아버지를 닮았고, 나는 다리 밑에서 주워 왔다고 믿기 어려울 만큼 엄마를 닮았기 때문이었다.

나는 내 이름을 사랑한다. 아름다울 미美, 펼칠 라羅(혹은 비단 羅, 그물 羅). 미라美羅는 모차르트 주제에 의한 변주곡처럼 혹은 파가니니 주제에 의한 변주곡처럼 변주가 잘 되는 이름이어서 좋다. 학창시절의 친구들은 나를 '미이라'라고 불렀다. 최근 확정된 표기법으로는 '미이라'가 아니라 '미라'가 정확하다고 한다. 영국 여행길에 대영박물관에서 수없이 많은 이집트 미라를 보았을 때 나는 그들을 향해 '안녕?' 하고 친근하게 인사를 하기도 했다. 예전에는 양복점 앞을 지나가다 내 이름을 발견한 적이 많았다. 피아노를 배울 때에도 나는 늘 내 이름을 만났다. 내 이름은 악보 속에 있고, 음계 속에 늘 있었으니까. 유럽 여행 중에 만난 어느 그리스인은 내 이름을 '미러클' 하다고 말해 주었고, 또 어떤 외국인은 '거울이요?' 하고 묻기도 했다. 거울 같고, 놀랍고, 변주곡 같은 이름이 바로 내 이름이다. 실은 작명하시는 분은 내 이름이 좋지 않다고 개명을 권했지만 나는 그 권유를 귓등으로 흘렸다. 훗날 그 방면으로 공부를 많이 하신 한 선배님이 말씀하셨다. 어떤 이름이든 사랑하는 사람들이 고운 마음 듬뿍 담아 불러 주면 좋은 이름이 되는 거라고. 그 말씀이 정말 좋았다. 작명의 원리상 좋지 않은 이름이라도 다정하게 불러 주면 그 이름이 좋은 이름이 되는 것이라고, 지금도 나는 굳게 믿는다.

방송작가로 일하면서 '이름'에 대해서 생각할 기회가 많았다. 라디오 방송작가는 철저하게 방송의 그림자로 남아 있는 직업이어서 초창기에는 작가의 이름이 프로그램에 등장하지 않았다. 작가의 이름이 등장하게 되면 진행자에 대한 공신력이 떨어지는 것을 우려했기 때문일까? 그런데 그 분위기가 바뀐 것은 90년대 후반이었다. 내가 일하는 채널에서도 프로그램이 끝날 때에는 "프로듀서 ○○○, 엔지니어 ○○○, 진행에 ○○○였습니다." 이렇게 스태프를 소개했었다. 90년대 후반, 이제는 청취자들이 방송의 시스템을 잘 알게 되어서 거의 모든 프로그램에 작가라는 존재가 있다는 걸 알고 되었을 무렵이 되자 각 프로그램마다 작가의 이름을 알리게 되었다. 현재는 인터넷으로 접속하면 프로그램 스태프 소개에 선명하게 작가의 이름이 새겨져 있다. 몇몇 프로그램의 경우에는 청취자들이 작가를 따라 움직이는 현상도 생겼다.

진행자의 목소리 뒤에 숨어 있을 때에는 여러 가지로 편했다. 그러나 이름이 공개되고 나자 불편한 일들이 적지 않게 생겼다. 책임감은 더 커지고, 진행자와 작가의 일치감을 조절하기가 힘든 순간도 생겼다. 그러나 나는 전파를 타고 아주 잠깐 들려오는 이름에 대한 책임감, 지나가던 스님이 지어주셨다는 내 이름에 대한 순정한 의무를 다하고 싶었다. 열심히, 성실하게, 매일같이 밥상을 차리듯 글을 쓰는 것으로…….

콜롬비아에 사는 가와쿠틀 인디언은 아주 귀중한 것을 타인에게 빌려야 할 때 자기의 이름을 저당 잡히고 빌린다. 그리고 빚을 다 갚을 때까지는 이름 없는 사람으로 살아간다. 이름 대신 닉네임과 아이디를 쓰는 일이 더 많은 이 시대 사람들은 아마 선뜻 이해가 되지 않을지도 모른다. 하지만 나는 가와쿠틀 인디언의 이야기를 들었을 때, 마치 비오는 날 조금씩 전기가 흐르는 초인종을 눌렀을 때처럼 가슴이 저릿했다. 이름의 무게는 저런 것이다, 이름은 그렇게 귀한 것이다, 하는 것을 절절히 느꼈다.

　방송가에는 이름을 알리는 일에 무척 조급하게 서두르는 사람들이 적지 않다. 혹은 이름을 함부로 던지는 경우도 있다. 직업상 이름이 크게 드러날 일이 없기 때문이기도 했지만, 사회생활을 하면서 나는 이름을 알리고 싶어 조급했던 적도 없고, 이름을 함부로 던진 기억도 없다. 오히려 이름이 없는 사람처럼 일했다. '미련하거나 독하다'는 말을 들을 정도로 천천히 일을 했다. 만약 이름에 집착했다면 지금의 나는 없을 지도 모른다.

　나는 누구에게 '당신의 이름을 한 번도 잊어본 적이 없다'는 식의 로맨틱한 이야기를 들어본 적도 없고, 이름만 대면 누구라도 알만한 성취를 이루지도 못했다. 하지만 내 이름을 다정하게 불러 준 사람들은 많이 기억하고 있다. 그것으로 족하다. 내 것이지만 나보다 다른 이들이 더 많이 쓰는 이름. 내 이름을 노래처럼 다정하게 불러 준 사람들이 많았던 것처럼, 사랑하는 사람들의 이름을 다정하게 부르고 싶다. 그것은 살아있는 자들의 특권이며 정을 나누며 살아가는 사람들의 축복이기도 하니까…….

서랍 속의
카프카

지난 봄, 모처럼 시간을 내어서 프라하를 찾아갔습니다. 프라하로 간다는 것은 곧 작가 프란츠 카프카의 흔적을 찾아간다는 것과도 같은 의미입니다.

프라하에는 카프카의 흔적이 여러 곳에 흩어져 있습니다. 그의 아버지 '헤르만 카프카'가 프라하 상류층으로 갓 진입해 들어오던 성공한 유대 상인이었기 때문입니다. 헤르만 카프카는 돈을 벌면 더욱 중심가에 가까운 곳을 향해서, 더욱 부유함을 드러낼 수 있는 집을 찾아서 이사를 했습니다.

아버지 헤르만 카프카가 중심을 추구했던 인물이라면 아들 프란츠 카프카는 변방을 추구했던 작가였습니다. 소외된 사람들의 고독과 좀체 수면 위로 모습을 보이지 않는 두려움을 써내려가던 카프카가 강인하고 완고한 아버지의 집에서 살아야 했다는 것은 얼마나 고통스러운 일이었을까요. 그래서 카프카는 글을 쓰는 일에만 몰두할 수 있는 자신만의 방을 마련하기도 했습니다. 그 중의 하나가 황금소로 22번지, 파란 외벽을 가진 '카프카의 집' 입니다.

프라하 성 아래에 자리한 연금술사의 골목, 일명 '황금소로' 라고 불리는 골목의 이 파란 집에서 카프카는 많은 작품들을 썼습니다. 늦은 저녁을 먹고, 절친한 친구 막스 브로트와의 산책까지도 마치고 나면 카프카는 프라하 성 쪽으로 난 길을 걸어서 이 집으로 왔습니다. 파란 집의 문을 닫아걸고 그는 밤 11시부터 새벽 2시, 때로는 새벽 3시가 되도록 글을 썼다고 합니다.

한낮의 황금소로는 관광객들로 붐볐습니다. 카프카의 집은 이제 엽서나 음반을 파는 상점이 되어 버렸지만, 그 곳에서 저는 잠시 눈을 감고 카프카의 흔적을 한 줌이라도 느껴보려 애썼습니다. 이 작은 집에서 카프카는 안정감을 느꼈으리라. 그리고 아무도 없는 새벽길을 걸어 다시 집으로 가면서 그는 때로 충만하고 때로 쓸쓸했으리라.

지난 해 프라하 블타바 강변에는 새로운 카프카 뮤지움이 문을 열었습니다. 구시가에서 말라 스트라나 방면으로 카를교를 건너가 오른쪽으로 난 계단을 내려갑니다. 그리고 강변을 따라 계속 걸어가면 카프카 뮤지움을 만날 수 있습니다.

카프카 뮤지움에서 저는 '전시란 이런 것이다' 하는 것을 느꼈습니다. 카프카 뮤지움은 빛과 어둠, 물과 '서랍' 을 활용한 신선한 방식으로 위대한 작가 프란츠 카프카의 생애를 전시하고 있었습니다. 전시실 입구에 들어서면 가장 먼저 어둠을 만나게 됩니다. 그리고 스메타나의 교향시 〈나의 조국〉 중의 제2곡 '블타바'의 선율을 듣게 됩니다. 아마도 사람들로 하여금 카프카의 세계로 들어서기 위한 준비를 하라는 의미겠지요.

가장 먼저 마주치는 전시장에는 '물'이 등장합니다. 블타바의 강물을 상징하는 것이었을까요? 구석진 바닥에 물을 담고 그 속에 카프카의 삶을 증언하는 사진들을 넣어 둔 아주 특이한 방식으로 카프카 전시의 첫 장은 시작되었습니다.

카프카가 살았던 시대를 담은 영상물을 보고 나면 카프카의 삶을 둘러싼 사람들이 모여 있는 전시실을 만나게 됩니다. 끝끝내 화해하지 못했던 아버지, 고뇌하는 지식인의 유전자를 물려 준 어머니, 카프카를 가장 잘 이해하고 격려했던 막내 여동생 오틀라, 두 번의 약혼과 파혼을 반복했던 펠리체 바우어, 친구 오스카 폴락의 아내이자 카프카에게 가장 깊은 영혼의 위로를 주었던 밀레나, 생애 마지막을 함께 한 여인 도라 디아만트. 그리고 원고를 모두 불태워 달라는 카프카의 유언을 눈물을 머금고 지키지 않았던 친구 막스 브로트. 카프카를 사랑했고, 카프카 때문에 웃었고, 카르카 때문에 울었던 인물들이 어둠 속에서 한 줄기 빛을 받아 선명하게 그 모습을 드러내고 있었습니다.

가장 놀라웠던 것은 '서랍'이었습니다. 마치 납골당처럼 전시실을 가득 채운 검은 서랍들. 그 서랍 중의 일부가 열려 있고, 그 안에 카프카의 유품들이 담겨 있는 전시 방식은 이 전시를 주관한 사람들이 카프카를 너무나 아끼고 깊이 이해하고 있다는 증거였습니다.

세계대전의 광기가 지배하기 전, 마치 폭풍 전야처럼 불안하고 어두운 시대를 살다간 카프카는 '나는 온 세상을 두려워했다'고 말했습니다. 밝음이라든가 햇살 같은 것과는 거리가 멀었던 카프카. 카프카의 불안, 카프카의 두려움, 카프카의 영광을 서랍 속에 담아두다니요. 카프카를 이보다 더 잘 표현할 수 있을까요? 검은 코트 안에 생을 감추고 휘적휘적 프라하의 새벽길을 걸어가던 카프카가 서랍 속에 있었습니다. 의식의 서랍을 열고 닫으며 고독하게 글을 쓰던 카프카……

서랍 속의 카프카. 하나의 서랍 속에는 평생 아버지와 화해하지 못했던 카프카가 들어 있고, 또 하나의 서랍엔 약혼과 파혼을 반복하며 '생활'을 두려워하던 심약한 카프카가 들어 있고, 또 하나의 서랍엔 프라하의 곳곳을 산책하며 영혼의 우물에 두레박을 던지던 카프카가 있고, 또 하나의 서랍엔 각혈을 하면서도 오직 소설을 쓰는 일만을 생각했던 치열한 작가 카프카가 있고…….

도시는 예술가를 낳고 기르며, 훗날 그 예술가가 도시를 기릅니다. 프라하가 그 증거입니다.

권지예

내 안의 봄꽃
잃어버린 우산

1960년 경주에서 태어나 숙명여고, 이화여대 영어영문학과를 졸업했다. 프랑스 국립 파리7대학 동양학부에서 박사학위를 받았으며 유학중 1997년에 〈라쁠륨〉에 「꿈꾸는 마리오네뜨」, 「사라진 마녀」를 발표하며 등단했다.
저서로는 장편소설 『4월의 물고기』, 『붉은 비단보』, 『아름다운 지옥』, 소설집 『퍼즐』, 『꽃게무덤』, 『폭소』, 『꿈꾸는 마리오네뜨』, 그림소설집 『사랑하거나 미치거나』, 『서른일곱에 별이 된 남자』, 산문집 『권지예의 빠리, 빠리, 빠리』, 『해피홀릭』 등이 있다. 2002년에 이상문학상과 2005년에 동인문학상을 수상했다.

내 안의 봄꽃

오늘따라 유난히 햇살이 따사롭고 화사하다. 봄기운이 느껴진다. 봄이 오면, 지금은 죽은 것처럼 보이는 저 나무에도 마술처럼 꽃이 피고 열매가 열릴 것이다. 어쩌면 저 무덤 같은 땅 속에서 나무는 부활을 위한 에너지를 축적하느라 사투를 벌이는지도 모른다. 그룹 '부활'이 노래했던 이해인 수녀님의 시가 생각난다.

꽃이 질 때 꽃이 필 때
사실은 참 아픈 거래

나무가 꽃을 피우고
열매를 달아줄 때

사실은 참 아픈 거래.

어린 시절엔 봄이 싫었다. 일곱 살 때였던가. 강원도의 시골에 잠깐 살 때였는데, 이른 봄에 동네 언니들을 따라 들에 나물을 캐러간 적이 있었다. 새로 돋아난 여린 나물들에 정신이 팔려 나는 언니들을 놓치고 말았다. 어린 나는 집으로 돌아오는 길을 잃고 헤매다, 얼음이 언 냇물을 건너게 되었다. 그러다 물에 빠지고 말았다. 햇빛은 따스했으나 얼음 낀 냇물은 치가 떨리게 차가웠다. 그 때문일까. 한동안 나는 동상에 걸린 손가락 때문에 고생했다. 매년 봄이 오면 그때의 그 기억이 떠오르고 그러면 얼음 박힌 손가락이 가렵고 홧홧해졌다.

그 이후 동상 걸린 손가락도 낫고 추운 기억에서도 풀려났지만 내게 봄은 그저 눈에 보이는 온갖 꽃으로 화사하기만한 계절이었다. 봄꽃을 보면서, 언 땅을 뚫고 올라온 풀을 보면서, 애틋하고 진정으로 아름답다 느끼게 된 것은 생명 가진 그것들의 아픔을 생각할 수 있는 나이에 이르러서이다. 정말로 아름다운 것은 아름다움 자체보다 그것을 만드는 에너지이고, 그런 것은 우리 눈에 보이진 않는다는 걸 깨닫고 나서다. 그것은 생명력이자 희망인 것이다.

그러나 스스로 봄꽃 같은 삶을 살지 못하는 사람에겐 봄꽃이 아름다울수록 더 슬퍼진다. 내 안에 피울 꽃이 없다고, 인생에서 희망을 얘기하기에는 너무 늦은 거 아닐까 생각하면 더욱 그렇다. 한동안 나 또한 사는 일이 참 지리멸렬하다고 느끼고 있었다. 삶의 조건들을 변화시킬 수도 없었고, 그리하여 변화할 수밖에 없는 것은 오로지 내 자신뿐인데 그것조차 어쩔 수 없다는 느낌. 그래서 무기력하고 쓸쓸했다. 내 안에서 정말로 희망을 가질 수 있는 봄을 맞고 싶은데, 새로 시작하고 싶은데, 나는 봄이 오는 게 두려웠다. 이대로 속수무책으로 봄을 맞고 싶지 않았다. 언 땅을 뚫고 올라오는 꽃들의 얼굴을 미안해서 못 볼 것 같았다. 나는 그만큼 내 인생이 부끄러웠고, 새로 리셋하고 싶었다. 살아온 세월만큼 내 영혼에 쌓인 먼지와 때를 말끔히 씻어내고 비우고 싶었다.

그 해, 봄이 오는 길목에서 나는 히말라야로 날아갔다. 열흘 넘어 안나푸르나 지역을 발가락이 너덜너덜해질 때까지 걷고 또 걸었다. 뒷산조차 올라가 보지 않은 내가 길다면 긴 트래킹 코스를 택한 것은 내게는 극기훈련이었다. 나는 내 자신을 겨울의 끝까지 던져놓고 싶었다. 그 끝에서 새로 피는 봄꽃 같은 내 존재의 새로운 탄생을 보고 싶었던 걸까.

눈앞에 보이는 것은 거대한 설산의 파노라마였다. 그러나 설산에 둘러싸인 히말라야에서 나는 고도에 따라 사계절을 다 보았다. 복숭아꽃 살구꽃도 있었고 거대한 푸른 짐승의 등때기 털 같은 보리밭도 보았다. 계곡 사이로 골골이 주름진 노인의 얼굴 같은 계단식 밭과 좁은 산길로 짐을 옮기는 당나귀 행렬과 제 몸만큼 큰 짐을 지고 가는 포터들 무리도 보았다. 먼지바람 부는 황야에서 오체투지하는 티벳 불자들도 보았다.

머리를 들면 새파란 하늘을 배경으로 햇빛 속에 거대한 금강석처럼 빛나는 설산들의 스카이라인이 장엄한 왕관처럼 보였고, 내려다보면 하루 온종일 걸어야하는 강의 검은 하상河床이 꿈틀거리는 뱀처럼 아득히 보였다. 산다는 일이 아득하게 느껴졌고 다만 몰아의 상태에서 걷고 있는 나의 발만이 히말라야의 속살을 파헤치며 궤적을 그리고 있었다. 바로 '여기서', 지금 이 순간엔, 걷는 것이 사는 것이었다. 삶은 그렇게도 단순한 것이다! '거기서', 사는 일이 늘 막막하다 생각했지만, 그 동안도 나는 잠시도 쉬지 않고 살았다는 생각이 들었다. 여기든 거기든 나는 살고 있었던 것이다.

  그 곳에서도 나는 인생을 보았다. 사계를 보여 주는 산의 오묘함도 인생의 메타포로 다가왔지만, 나는 그 곳에서 걸으면서 사람의 인생을 만났다. 그 높고 골진 산 속에서도 사람들이 저마다의 생을 펼치며 살고 있었다. 한 바가지의 물로 모여앉아 목욕하는 여인들, 책보를 매고 학교로 가는 아이들, 방안에서 싸우고 있는 부부, 이를 잡는 모녀, 밥그릇을 들고 행복하게 웃고 있는 아이, 지나는 트래커들에게 사탕을 구걸하러 뛰어오는 아이들…… 내 몸은 멀리 떠나와 낯선 인생의 방관자로 틈입했다. 그러나 생은 어디에나 있었다. 들의 들꽃들이 모두 다르지만 저마다 모두 어여쁘듯이 생은 어디에 있건 살아가는 그것 자체만으로 감동적이고 아름다웠다. 나는 내 삶의 뿌리를 느꼈다.

  다시 서울로 돌아왔을 때는 봄이 시작되고 있었다. 그런데 이상한 일이었다. 내 안에서 뭔가 간질거리는 느낌이 왔다. 마치 아지랑이처럼. 내 눈이 얼마나 밝아졌는지 햇빛의 결을 느낄 수도 있었다. 사물의 윤곽이 산뜻해 보이고 공기조차 가볍게 느껴졌다. 가족들도 사랑스러워 보이고 사소한 일들이 감사했다. 속이 간지러운 것처럼 자꾸 실실 웃음이 났다. 사람들도 내 얼굴이 참 환해졌다고 말했다. 나는 깨닫게 되었다. 아하, 내 안에서 봄꽃이 피는구나. 꽃이 벌어지느라 내 입이 자꾸 벌어지는구나.

살다보면 간혹 제 자신을 택시 미터기를 새로 꺾듯 리셋하고 싶을 때가 있을 것이다. 그러면 과감히 꺾고 자신을 다른 데로 옮겨라. 새봄을 맞으려면 오히려 자신을 겨울로 데려가야 한다. 봄이 오고 있다. 새로 시작하자. 오죽하면 '새봄' 인가.

잃어버린 우산

어느 날 초등학교 2학년인 아이가 동시를 외웠다.

아이와 우산

아이가
산을 들고 갑니다

비 오는 날

산속엔
비가 오지 않습니다.

아이가 우산에 폭 파묻혀 걸어가는 뒷모습이 눈에 잡힐 듯하다. 우산이 무겁긴 하지만 비 오는 날의 우산 속은 얼마나 포근할 것인가. 아이는 비오는 날을 좋아한다. 아이에겐 자신만의 앙증맞은 우산이 세 개나 있다. 우리 집 우산꽂이에는 무려 열 몇 개의 우산이 꽂혀 있다. 긴 것, 짧은 것, 양산, 살 부러진 것, 찢어진 것 등도 섞여 있다. 버릴 건 버린다 쳐도 멀쩡한 우산이 열 개나 된다.

요즘은 흔한 게 우산이다. 비 오는 날 옷차림 색깔에 맞춰 우산도 골라들게 된다. 어쩌다 깜빡하여 식당이나 지하철에라도 놓고 오게 되면 찾기가 영 귀찮은 게 우산이다.

나처럼 건망증 심한 사람은 영락없이 두고 오는 물건 제1호가 우산이다. 비가 와서 아주 요긴하게 들고 갔던 우산을, 비만 그치면 자주 깜빡하게 되니 말이다.

그럴 때마다 어린 시절, 잃어버린 우산 생각이 난다.

그때는 왜 그렇게 우산이 귀했는지, 우리 여섯 식구는 비오는 날이면 늘 우산다툼을 했다. 아마 성한 우산이라곤 두어 개 정도고 나머진 살이 부러졌거나 찢어진 비닐 우산이 고작이었나보다. 제일 튼튼하고 멋진 건 아버지 차지였고 그 다음부터는 먼저 일어나 등교하는 형제들 순으로 차지했다. 그러다보니 늘 마지막 누군가는 찢어진 비닐 우산 차지가 되곤 했다. 등굣길에 불만을 터트리고 다툼을 벌이다가 결국 엄마의 잔소리를 듣고는 비닐 우산을 쓰고 가거나 아니면 다른 우산 속에 '꼽사리' 끼어 가는 수밖에 없었다.

열한 살의 장마 비 오는 여름날.

나는 그때 주번이어서 다른 날보다 일찍 등교를 하게 됐다.

집안에 있던 우산을 고를 수 있는 우선권을 손에 쥐게 된 것이다. 가장 멋진 아버지의 윤기 나는 검은색 박쥐우산과 푸른색 체크무늬 우산이 제일 탐났다. 그런데 마침 아버지가 고향에 집안일 때문에 내려가 계신 터라 나는 박쥐우산을 써볼 절호의 기회를 가질 수 있게 된 것이다.

나는 박쥐우산을 선택했다. 과연 박쥐우산은 아버지의 품처럼 넉넉했다. 장맛비는 아침부터 사정없이 내렸지만 나는 우산 속에서 내리꽂히는 빗줄기를 느긋하게 감상하면서 학교로 걸어갔다.

그런데 그 멋진 우산을 잃어버렸다. 한데 더욱 기가 막힌 것은 우산을 잃어버린 게 생각난 건 2교시도 끝날 무렵이었다. 등교하자마자 교실에서 나와서 우산을 들고 주번 일을 하려고 운동장 끝에 있는 수돗간에 갔었다. 지붕이 있는 수돗간에 가자마자 우산을 얌전히 옆에 세워두고 걸레를 빨고 학급의 주전자와 컵을 씻던 일도 다 생각이 났다. 그런데 걸레와 컵은 모두 다 교실의 제자리에 돌아와 있는데 우산은 어디로 갔단 말인가. 곰곰 생각하니 교실로 다시 올 땐 비가 그쳐 있었던 게 기억났다. 비만 계속 왔더라면 나는 우산을 두고 오진 않았을 텐데…….

2교시가 끝나자마자 부리나케 수돗간으로 달려가 보았다. 우산은 그 자리에 없었다. 당장 엄마의 무서운 얼굴이 떠올랐다. 하루 종일 우산 생각으로 공부가 머리에 들어오지 않았다. 방과 후에 담임 선생님께 말씀드리니 분실물 담당 선생님에게 가보라고 하셨다. 교무실에 가서 보니 그 선생님은 우리 학교에서도 무섭기로 소문난 호랑이 선생님이었다. 선생님은 나를 데리고 복도의 제일 끝, 학교의 패도와 자료를 모아

둔 창고 같은 곳으로 데리고 갔다.

한쪽 구석에 아이들의 분실물들이 상자 속에 들어 있었다. 아이들이 잃어버린 옷과 신발과 몽땅 연필, 책가방들이 보이고 마룻바닥엔 우산들이 쭈욱 늘어서 있었다.

선생님이 교편으로 이거냐? 저거냐? 가리키며 물었다. 나는 계속 고개를 가로 저었다. 아무리 눈여겨보아도 내 우산은 없었다.

"내일 다시 와 봐라. 오늘 비가 오니 우산 없는 애가 쓰고 갔다가 내일은 가져올지도 모르지."

지긋지긋한 장맛비는 그때까지도 내리고 있었다. 그 비를 쫄딱 맞고 집에 온 나를 보고 엄마가 대뜸 우산은? 하고 물으셨다. 잃어버렸다고 기어들어가는 소리로 말하자 예상대로 잔소리 폭격이 퍼부어댔다.

"그게 어떤 우산인지 알지? 아버지 걸 들고나가 잃어버리면 어떻게 하니? 아버지 모레 오실 텐데. 그리고 넌 맨날 뭘 그렇게 잘 잃어버리냐. 너 이번에 그 버릇 못 고치면 넌 비오는 날에도 우산은 못 쓰고 다닐 줄 알아! 아니 그럴 거 없이 당장 내일 가서 우산 찾아와! 안 그러면 아주 단단히 혼구멍을 내줄 테다."

넉넉하지 않은 살림에 뭘 자주 잃어버리는 나에게 엄마는 이번엔 '너 맛 좀 봐라' 하고 벼르시는 것 같았다.

다음날도 장맛비가 아침부터 내렸다. 나는 찢어진 비닐 우산을 쓰고 학교에 등교했다. 방과 후엔 또 그 호랑이 선생님을 찾아가 분실물 창고로 가서 우산을 뒤졌지만 그 멋진 우산은 없었다. 다행히 비는 그쳐 있었다. 나는 비닐 우산을 접어들고 호랑이 선생님에게 인사를 꾸벅하고 돌아서서 학교를 나왔다.

그 다음날도 장맛비가 내렸다. 아버지가 오신다는 날이다. 오늘이라도 제발 우산을 찾아서 아무 일 없었던 듯 신발장에 세워두고 싶은 마음이 간절했다. 엄마는 비닐 우산을 쓰고 가는 내 뒤꼭지에 대고 또 다짐을 받듯 말했다.

"너 무슨 일이 있어도 오늘 우산 꼭 찾아와야 한다."

나는 방과 후에 또 호랑이 선생님을 찾아갔다. 역시 잃어버린 우산은 돌아오지 않았다. 자꾸 만나보니 호랑이 선생님도 그리 무섭지만은 않았다. 내가 기운 없이 돌아설 땐 항상 "찾을 수 있을 거야"라며 격려를 해주었다. 인사를 하고 돌아서는데, 그 날은 다른 날보다 밖에 더 심하게 비가 내리고 있었다. 나는 머뭇거리다 우산 없이 빗속으로 뛰어 들어갔다. 비닐 우산이 그 날 아침 등굣길에 바람에 날아가 다 망가져버렸기 때문이다. 등 뒤에서 무슨 소리가 난 듯했는데 돌아보지 않았다. 조금이라도 비를 덜 맞으려면 달리는 수밖엔 없었다.

다행히 아버지는 비 때문에 하루 더 있다 오신다고 한다. 다음날 눈을 떴다. 이젠 기회가 오늘로 마지막이다. 다행히 그 날은 날이 개어 등굣길에 우산을 가지고 가지 않았다. 그러나 점심 무렵부터 다시 비가 오기 시작했다. 방과 후에 나는 또 호랑이 선생님을 찾아갔다.

"너 또 왔냐? 그래 오늘은 우산이 제법 많이 들어왔다. 오늘은 꼭 좀 찾았으면 좋겠구나."

호랑이 선생님이 웃으면서 말했다. 아닌 게 아니라 우산이 제법 많았다. 게다가 탐날 만큼 좋아 보이는 검은 우산도 끼여 있었다. 물론 아버지의 박쥐우산과는 달랐다.

나는 그 중에 제일 좋아 보이는 검은 우산을 가리켰다.

"아! 바로 저거예요."

선생님은 고개를 끄덕이며 우산을 주었다. 나는 우산을 받아들고 비 내리는 운동장을 뛰었다. 익숙하지 않아서인지 마음이 떨려서인지 우산이 잘 펴지지 않았다. 온통 옷이 다 젖었지만 나는 우산을 꼭 쥐고 뛰었다.

그리고 1년 후.

열두 살이 된 여름날에도 나는 우산을 잃어버렸다. 이번에는 초록색이었다. 여전히 분실물 담당 선생님은 호랑이 선생님이었다. 다행히 선생님은 나를 잘 기억하지 못하는 듯했다. 나는 선생님을 따라 분실물 창고로 들어갔다. 그러나 나의 낡은 초록색 우산은 없었다. 무뚝뚝한 선생님이 노란색 우산을 집어 들며 물었다. 꽤 좋아 보였다. 나는 망설이다 고개를 흔들었다. 이번에는 선생님이 자주색 우산을 들었다. 훨씬 더 좋아 보였다.

"그럼 이거냐?"

나는 침을 꿀떡 삼키고 나서 고개를 끄덕였다.

"정말 네 거 맞지? 그래 오늘 잃어버렸는데, 금방 찾아서 다행이구나."

나는 속으로 쾌재를 부르며 우산을 들고 나가려고 했다. 그런데 선생님이 다시 불렀다.

"너 금도끼 은도끼 이야기 아냐? 금도끼를 탐낸 욕심꾸러기가 어떻게 됐지?" 선생님이 나를 돌려세우고 무서운 눈으로 쳐다보았다.

"야, 너 말야. 작년에 우산 찾으러 끈질기게 오던 애 맞지? 그때 네가 하도 애타게 우산을 찾는데다 우산도 못 찾고 장맛비를 그냥 맞고 가는 거 보고 마음이 무척 아팠어, 임마. 그래서 마지막 날, 네가 고른 검은 우산도 내가 눈 딱 감아 줬지. 그런데 이번엔 요 녀석이 일 년 새에 간이 붓고 꾀가 늘어서 거짓말까지 치고…… 착하게 생긴 녀석이 말야."

나는 그만 울음을 터트리고 말았다.

결국 나는 우산을 찾지 못했다. 지금까지도 나는 그때의 호랑이 선생님이 가장 무서운 사람으로 기억되고 있다. 금도끼의 교훈을 되새기게 하며 내 양심을 아프게 찌른 분이기 때문이다. 금도끼 이야기에서는 기다리면 맨 마지막에 잃어버린 나무도끼가 꼭 나오고 그걸 자기 것이라 진실하게 말하면 복을 받는다. 그러나 어릴 때 잃어버린 내 우산은 끝내 나오지 않았고 지금까지 살아보니 세상은 늘 동화적이지도 않았다. 그러나 어떠한 상황에서도 나는 절대로 금도끼를 탐내지 않으려고 노력하며 산다. 양심을 잃는 거 보다야 우산을 잃는 게 더 낫지 않은가. 나는 그래서 아이가 우산을 잃어도 그것만은 탓하지 않는다.

허혜정

미인도를 닮은 시
나무는 젊은 여자

1966년 경남 산청에서 태어나 숙명여고를 거쳐 동국대학교 국문과 및 동대학원을 졸업하였다. 1987년 〈한국문학〉 신인작품상으로 등단하였고, 1997년 〈중앙일보〉 신춘문예에 평론이 당선되었다. 현대시평론상, 젊은평론가상을 수상하였다.

저서로는 시집 『비 속에도 나비가 오나』, 『적들을 위한 서정시』, 학술서 『혁신과 근원의 자리』, 『현대시론』, 『멀티미디어 시대의 시창작』, 『처용가와 현대의 문화산업』, 『시를 써야 시가 되느니라』, 비평집 『에로틱 아우라』 등이 있다. 현재 한국사이버대학 방송문예창작학과 교수로 강의하면서 문예지 〈천년의 시작〉, 〈시와 사상〉, 〈서정시학〉, 〈시인수첩〉 등의 편집위원으로 활동하고 있다.

미인도를 닮은 시

어디 옛 미인만 그렇겠는가
당신들은 내 문턱을 호기로 밟았다고 하지만
한서린 소리를 즐기던 가야금이 그대들을 위함이라 믿지만
복건을 쓴 유학자든 각대를 띤 벼슬아치든 내로라는 호걸이든
나의 궁상각치우를 고르고자 함이 아니었던가
죽어도 당신들은 한 푼 얹어주었기에
내 살림이 목화솜마냥 확 피어올랐다고 믿지만
풀 같은 데 엮어놓은 가볍고 얇은 거미집은
황후장상을 부러워하는 법이 없다
당신들은 대대손손 선연한 낙관을 자랑하지만
붉은 공단치마를 활짝 벗어 화초도를 치고

흠뻑 먹물을 적셔 제 흥만 따라가던 족제비털붓은
당신들의 필법을 배우려 한 적이 없다
모든 나들이를 취소하고 빗장을 걸어잠그는 시간
학이든 호랑이든 아닌 건 아닌 게지 되돌려보낸 서찰
혈통과 내력을 캐묻던 그대들이 나는 궁금하지 않다
천생 귀머거리 각시처럼 고개 갸웃거리다
아는 체하는 순간 기가 막히는 듯 웃는 나는
길섶에서 눈맞춤한 눈부신 하늘, 코끝을 스치는 바람보다
당신들을 사랑할 수 없다는 걸 알고 있었다
곰방대를 물고 대청마루에 누워 바라보면
옥졸의 방망이도 능라의 방석도 소매 넓은 장삼도
구천 하늘 온통 희게 떠도는 춤사위일 뿐인데
팔도유람이 어찌 그대들만의 것인가
서늘한 흙무덤이 두 눈을 덮기 전에
죽음에 시치미를 떼고 멀리 나가노는 아이처럼
곰팡이가 퍼렇게 슨 족자 속에 표구되어서도
나는 누구의 계집이었던 적이 없다

나무는 젊은 여자

1
봄은 아직 시작되지 않았다
차갑게 젖어있는 가지와 흙묻은 뿌리들
아무런 봉오리도 돋아오르지 않은
회색빛 정경 속에

저 나무는 젊은 여자처럼 서 있다
점화의 순간만을 기다리는 폭탄처럼
동심원의 빗장을 가슴에 단단히 지르고

너는 뿌리요 하늘을 향해

손 뻗친 가지요 무모한 갈망을 잡아당기면서
널 키우는 힘이요, 스스로의 발부리를 잡고 있는
족쇄요 분수를 꿈꾸는 수도꼭지요

그래. 침묵하는 동안에도
우린 노래부르고 있지. 때가 되면
세포가 갈라지지. 더 빨리빨리 쪼개지지
천 개의 눈알을 폭발시키지

내 세포들은 성난 폭도
공기와 빛의 부드러운 약탈을 꿈꾸고 있다
폭음도 없이 비릿한 선혈을 토해내는
저 아름다운 폭탄처럼

2
키 큰 활엽수처럼
잔뜩 햇빛을 받고 커오르길 바랬다
그러나 지금은 키 작은 침엽수였으면 한다
올올이 상처로 찢겨버린 잎사귀로
바람과 싸우면서 자라는 나무

식민지의 군대처럼

완강히 제자리를 사수하는 나무
힘찬 아리아를 연습하는 가수처럼 중얼대며
더 바짝 마른 산등성이에 누워 있는

그러나 힘차게 허리를 튕겨올리면
얼마나 미끈하게 자랐는지 아무도 모르지
비틀비틀 변두리로 유배되어가면서도
끝내 질긴 섬유질의 근성을 포기하지 않는 나무

이왕이면 자리를 깔고 앉는 공원이 아니라
아찔하도록 위태로운 절벽에 뿌리박고 싶다
물론 그 밑에는 내 발가락까지 깨끗이 염습해 줄 바다가
쓰리도록 차갑게 출렁이고 있어야겠지